完全整理

図表でわかる 地方自治法

第6次改訂版

地方公務員昇任試験問題研究会 [編著]

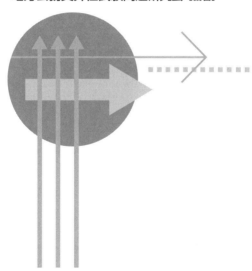

JN042782

学陽書房

第6次改訂にあたって

この本で、難解な法体系が一目瞭然！

　地方自治法は、300以上に及ぶ膨大な条文数と複雑な内容が絡み合うため、勉強するのが並大抵の苦労では済みません。実際に、六法を開きズラッと書き連ねられている法の文言を見るだけで、戦意喪失してしまう人が後を絶たないのは、非常に残念なことです。

　入門書や参考書は、ちまたに溢れていますが、文章を中心とした解説では、読者がなかなか理解できないのが実状だと思います。今までも、特に地方自治体の昇任試験を受験する方から、「わかりやすい本が欲しい」というご要望が多数寄せられてきました。

　そこで当研究会では、そんな皆さんの期待にお応えするべく、満を持して本書を企画・制作し、大好評を得ています。特徴は次のとおりです。

① 膨大な地方自治法の全容を34項目に分けて、図表を用いて完全整理しています。

② 知りたいところがひと目でわかるよう、目次構成と本文デザインに工夫の限りを尽くしています。

③ 特に、直接請求、住民訴訟、国又は都道府県の関与などの複雑な手続については、一連の流れが把握できるように、順を追って掲載しています。

　「参考書の字づらをひたすら追うことに疲れた」「もうサジを投げたい」というアナタ、本書があれば、もう大丈夫です。この本を一読するだけで、目からウロコになること請け合いです。

　今回の改訂では、令和4年、5年に公布された議会の役割や議員の職務等の明確化、議員の請負禁止範囲の明確化、公金事務の私人への委託に関する制度の見直しなど地方自治法改正にキメ細かく対応しており、当研究会が地方自治法攻略の「最後の切り札」「合格へのエース」として、送り出す自信作なのです！

　この1冊をフルに活用して、一人でも多くの方が「大願成就」されることを期待いたします。

　令和6年3月

　　　　　　　　　　　　　　　地方公務員昇任試験問題研究会

本書の効果的な使い方——地方自治法の賢い勉強法

　地方自治法は、地方自治の王道をいく基本中の基本たる法律です。このため、真面目な人ほど、きちんと勉強しようと気負い過ぎ、学者の書いた参考書や、受験用でも文章ばかりのわかりにくいテキストに手を出してしまいます。

　その一方で、効率的に勉強しようという意識が過剰な人は、問題集ばかりやろうとするような「手抜き」に走ります。これでは、せっかく得た知識もすぐ忘れることになりかねず、得策とは言えません。

　そこで、本書では、読者の皆様に、地方自治法を賢く学べる秘訣をお教えしましょう。これは、本書の有効な使い方にもつながります。

▪ 勉強の手順

①制度の大枠を押さえる

　本書『完全整理　図表でわかる地方自治法』を通読し、重要部分にラインマーカーで印を付ける。

②本書を丁寧に読み込み、暗記必須箇所はカード化するなど工夫を図る

③問題を解く

　市販の問題集等を使用するとよいでしょう。ただし、あれやこれや買い込まず、1冊を最低3回はやってみましょう。択一試験対策としては、各肢ごとに正否を○×で記入し、間違えた箇所は本書でチェックします。何度も×が付く肢は、理解できるまで粘りましょう。

　また、問題集に当たる際には、時間を計って解く訓練をしましょう。あなたの受ける試験は何分あって、その範囲で何問出題されるのかが事前にわかれば、1題当たり何分何秒で解けばよいか、計算すれば簡単に割り出せるはずです。ある程度時間をかければ解けて当然ですが、試験の場合は制限時間内に解けるかが問われるからです。

④判例・行政実例に注意する

　地方自治法の場合、判例・行政実例の中からも出題されるケースがあり、条文だけに気をとられていると、思わぬ落し穴にはまります。詳しく勉強したい方なら『地方自治ポケット六法』（学陽書房）の中に、青い字で書かれている部分があるので、一読するとよいでしょうが、基本的なものなら、本書に掲載していますので、本書を読み込めば十分だと思います。

⑤復習にも本書を活用する

　問題集に取り組む段階に入ったら、知識をより確実なものにする方法として、本書を辞書代わりに活用しましょう。間違いの原因やその問題と関連する項目、さらに覚えておいた方がよい事柄などが、体系的に身につくはずです。本書は、最初の基礎固めに使えるだけではなく、知識の再確認・定着にも最適なのです。

▪本書を活用した地方自治法勉強のサイクル

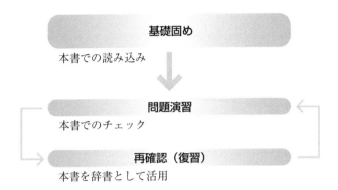

基礎固め
本書での読み込み

↓

問題演習
本書でのチェック

再確認（復習）
本書を辞書として活用

▪時間を生み出す知恵と工夫

①暗記に便利なカード作戦

　法律には、どうしても理屈抜きで覚えてしまわなければならない暗記ものがあります。これは、机に向かっているだけでは、なかなか頭に入りません。

　そこで、要点だけを単語カードにまとめる方策が、古い手法のようでいて、意外と威力を発揮します。このとき、法律の条文や参考書から書き写してはいけません。文章を読んだり解釈する時間が無駄になるだけだからです。

　ではどうするのかと言えば、本書を活用するのです。例えば、本書の57ページにある議会の特別議決は、箇条書きに整理していますので、そのままカードに写すなどして、ズボンのポケットにでも入れて持ち歩くとよいでしょう。これだと通勤中の電車、仕事の合間、会議の待ち時間と、あらゆる場面で取り出して、見ることが可能というわけです。

②簡略化して覚える

　暗記は時間との闘いのため、なるべく覚えやすい方法を研究しましょう。

　例えば、上述の57ページの特別議決は、カードの表に「事・秘・格・拒否・施設」と書き、裏に「出席議員の2/3以上の同意」と書きましょう。事とは、事務所の「事」、秘とは、秘密の「秘」、格とは、資格の「格」、拒否とは、一般的拒否権の「拒否」、施設とは、条例で定める特に重要な公の施設の「施設」のことです。また、表に「主要・除名・不信任」と書けば、裏は「2/3以上の出席で、3/4以上の同意」と書きます。意味は、改めて書くまでもないでしょう。このように、物事は単純、シンプルにすることで、覚えることが容易になりますので、皆様も自分に合った簡略化を考えてみてください。

目　次

8

法令名等略称

憲　法	日本国憲法（昭21）
法、自治法	地方自治法（昭22法67）
自治令	地方自治法施行令（昭22政令16）
地公法	地方公務員法（昭25法261）
地教行法	地方教育行政の組織及び運営に関する法律（昭31法162）
地財法	地方財政法（昭23法109）
公選法	公職選挙法（昭25法100）
地税法	地方税法（昭25法226）
解散法	地方公共団体の議会の解散に関する特例法（昭40法118）
行服法	行政不服審査法（平26法68）
国民保護法	武力攻撃事態等における国民の保護のための措置に関する法律（平16法112）
行　実	行政実例
通　知	総務省（旧自治省）通知
最裁判	最高裁判所判決
大	大正
昭	昭和
平	平成
令	令和

本文中、「法令」と記載があるものは、「法律及びこれに基づく政令」を意味します。本文中、「〜すること」と記載があるものは、「〜しなければならない」を意味します。覚えやすさを考慮し、本書では省略した記載にしてあります。また、本文中の「EX」は、「例を示す」という意味です。

条文の表記

地方自治法第242条の2第2項第3号——法242条の2②Ⅲ

完全整理

図表でわかる

地方自治法

1 地方自治法の目的、地方公共団体の種類・名称等

本項では、そもそも「地方自治法」がどのような目的で制定されているかという出発点を確認し、地方公共団体の種類、名称、事務所など設立に関する基本ルールを整理しています。特に名称は、団体種別により異なった規定があるため、注意して覚えましょう。

▪地方自治法の目的（法1条）

地方自治の本旨に基づき
◦地方公共団体の区分、地方公共団体の組織及び運営に関する事項の大綱を定める ◦国と地方公共団体との間の基本的関係を確立する
⬇
◦地方公共団体の民主的・能率的行政の確保を図り、健全な発達を保障する

▪地方公共団体の種類（法1条の3）

①普通地方公共団体	都・道・府・県 市・町・村
②特別地方公共団体	特別区（市並の権能を有する） 地方公共団体の組合 ➡ ［一部事務組合・広域連合］ 財産区 合併特例区※

◎地方公共団体は、法人とする（法2条①）
※「市町村の合併の特例に関する法律」27条、31条②による

▪地方公共団体における事務所の位置の設定又は変更（法4条）

◦条例で定めること（位置についての条例の制定・改廃には、議会で出席議員の2/3以上の同意を要する）	◦住民の利便性、他官公署との関係等、適当に考慮すること（地方公共団体の組合は、規約で定める）

- 地方公共団体の名称…従来の名称による（法3条①）、変更は下記の通り

区　分	変更手続
都道府県（法3条②）	法律で定める
市町村 特別区 財産区 （法3条③〜⑦）	④通知　　　　　⑤告示 知事　→　総務大臣 ③報告（変更後　↑↑　①協議　　　⑤通知 名称、変更日） ②条例で　　長　　　国の関係 規定　　　　　　　行政機関の長
地方公共団体の組合 （法286条ほか）	②許可 ①規約で　地方公　又は　総務大臣 規定　　共団体　届出　（都道府県加入） の組合　　　　知事 （都道府県未加入） ←→
郡 （法259条①、④）	③届出　　　　④告示 ②決定　知事　→　総務大臣 ①議決　↑　　　　④通知 都道府県　　　国の関係 議　会　　　　行政機関の長
市町村区域内の 町又は字 （法260条①〜②）	②決定　長　　③告示 ①議決　↑ 市町村 議　会

- 地方公共団体の休日（法4条の2）

条例で定める	・日曜日、土曜日 ・「国民の祝日に関する法律」による休日 ・年末年始のうち条例の定める日 ・上記以外でも、当該団体の特別な日は休日にできるが、長があらかじめ総務大臣に協議すること

◎地方公共団体から行政庁に対する申請等行為の期限が、その団体の休日に当たるとき
➡ 法令に別段の定めあるときを除き、休日の翌日を期限と見なす

2 地方公共団体の区域 (1)

「区域」では、廃置分合、境界変更が特に重要です。これは言わば、地方公共団体同士が繰り広げる「土地の線引きドラマ」です。まずは、その種類を絵でイメージしてから、具体的な手続を流れ図で体系立てて覚えてください。

> 区　域…普通地方公共団体の区域は、従来の区域による（法５条①）

- 区域の変更
  - ❶廃置分合（法６条、７条）…地方公共団体の設置又は廃止を伴う区域の変更
    （法人格の発生又は消滅を伴う）
    - ①分　割──Ａ町が廃止され、Ｂ町・Ｃ町が新設

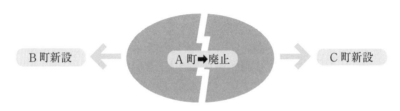

    - ②分　立──Ａ町からＢ町が独立・新設される［のれん分け］

    - ③合　体──Ａ町がＢ町と結合し、新たにＣ町を新設

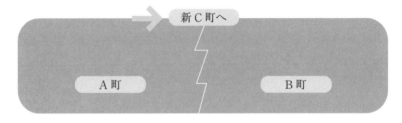

④編　入──A町がB町をのみ込む［吸収合併］

B町（A町へ）　　　　　A町

❷境界変更（法６条、７条）…地方公共団体の設置又は廃止を伴わない単なる
境界の変更（法人格の発生又は消滅を伴わない）

❸所属未定地域の編入（法７条の２）

EX① もともと日本の領土でありながら、い
ずれの区域にも属さない地域

EX② 割譲等により新たに日本の領土と
なった地域

EX③ 領海外に造成された新しい島等で日
本の領土に属することになったもの

いずれの都道府県・市
町村の区分に属するか
内閣がこれを定める
↓
総務大臣は直ちに告示

◎ただし、利害関係のある都道府県・市町村があれば、あらかじめその意見（要議決）
を聴くこと

❹新たに生じた土地の確認（法９条の５）

EX① 日本の領海内にできた島

EX② 水面埋立てで造成された地域

市町村長は、議決を経
てその旨を確認し、知
事に届出をしなければ
ならない
↓
知事は直ちに告示

- **都道府県の廃置分合・境界変更**

    [原　則]＝法律で定める（法6条①）

    [例　外]（法6条②、6条の2）

    ❶ 都道府県の境界にわたる市町村の設置又は境界変更

    ❷ 所属未定地域の市町村区域への編入

    ❸ 都道府県の自主的合併

    都道府県の境界も自ら変更する

    - 関係都道府県の申請（総務大臣経由）に基づき、内閣が決定
    - 申請に際しては、議会の議決を経ること
    - 内閣は、決定を行う際に、国会の承認を得ること
    - 合併の処分は、総務大臣の告示で発効する

    ◎財産処分を必要とする場合には、関係団体の協議（要議決）により定める（法6条③〜④）

- **市町村の廃置分合・境界変更**

    [原　則]＝ 関係市町村の申請に基づき、知事が当該都道府県議会の議決を経て定め、総務大臣に届出　➡　総務大臣は直ちに告示するとともに、国の関係行政機関の長に通知

    (法7条①)

    [市の廃置分合のとき]＝ 知事はあらかじめ総務大臣に協議し、同意を得ること

    (法7条②)

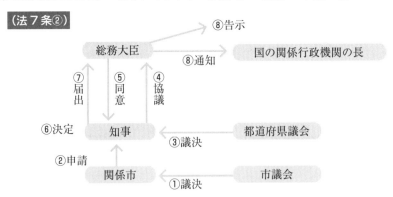

18

[例 外]

❶都道府県の境界にわたる市町村の設置を伴う市町村の廃置分合・境界変更

= 関係団体の申請に基づき、総務大臣がこれを定める ➡ 告示・通知

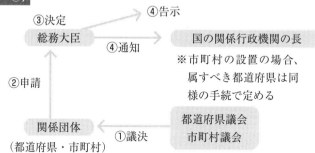

（法７条③～④）

③決定　　　　④告示
総務大臣　　④通知　　　国の関係行政機関の長

※市町村の設置の場合、
属すべき都道府県は同
様の手続で定める

②申請

関係団体　①議決　都道府県議会
（都道府県・市町村）　　市町村議会

❷公有水面のみに係る市町村の境界変更

= 関係市町村の同意を得て、知事が当　➡　総務大臣は直ちに告示するととも
該都道府県議会の議決を経て定め、　　に、国の関係行政機関の長に通知
総務大臣に届出

（法９条の３①）

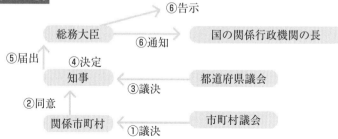

⑥告示
総務大臣　⑥通知　　国の関係行政機関の長

⑤届出　④決定
知事　③議決　都道府県議会

②同意

関係市町村　①議決　市町村議会

❸公有水面のみに係る市町村の境界変更で都道府県の境界にわたるもの

= 関係団体の同意を得て、総務大臣がこれを定める ➡ 告示・通知

（法９条の３②）

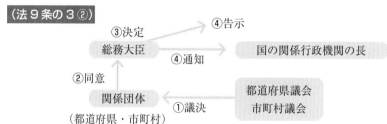

③決定　　　　④告示
総務大臣　④通知　　国の関係行政機関の長

②同意

関係団体　①議決　都道府県議会
（都道府県・市町村）　　市町村議会

▪ 市町村の境界の調停・裁定・決定 (法9条、9条の2)

◦ **市町村の境界に関する争論があるとき（法9条）**

知事は、関係市町村の申請に基づき、法251条の2「調停」に付すことが可
　　（この場合の関係市町村は、1団体でもよい）
　※公有水面のみに係る市町村の場合、知事は職権で調停に付すことが可
　　（法9条の3③）

①全ての関係市町村の申請による調停が不調
②全ての関係市町村から裁定を求める申請があるとき　　➡　知事は裁定が可
　※公有水面のみの場合は、職権による調停不調
　　又は、全ての関係市町村の同意があるとき

①不服がある関係市町村がなければ、裁定により境界確定
　　➡　知事は総務大臣に届出　➡　総務大臣は告示・通知
②不服がある関係市町村があれば、裁定書の交付を受けた日から30日以内に出訴可

　　　　　　a 調停・裁定の却下　　　　　　　　　　　関係市町村は、
　※　　　　b 申請から90日以内に調停に付されない、➡　境界確定の訴の
　　　　　　　調停不調、裁定なし　　　　　　　　　　提起が可

判決が確定したら、当該裁判所は、直ちに判決書の写を添えて、総務大臣及び関係ある知事に通知すること　➡　総務大臣は告示・通知

◦ **市町村の境界が判明でない場合で、争論がないとき（法9条の2）**

知事は、関係市町村の意見を聴いて決定することが可

①不服がある関係市町村がなければ、決定により境界確定
　　➡　知事は総務大臣に届出
　　➡　総務大臣は告示・通知
②不服がある関係市町村があれば、決定書の交付を受けた日から30日以内に出訴可

☆公有水面の埋立てにより造成されるべき土地の所属すべき市町村を定める
　ため必要なら、
　➡　総務大臣又は知事はできる限りすみやかに、
　　P20　市町村の境界が判明でない場合で、争論がないとき（法9条の2）、
　　P19　公有水面のみに係る市町村の境界変更（法9条の3）の措置を
　　　　講じること

▪市町村の適正規模の勧告（法8条の2）＝知事の権限

◦市町村が規模の適正化を図るのを援助するため、
廃置分合又は境界変更の計画を定め、
関係市町村に勧告すること可

計画を策定・変更するには、関係市町村、当該都道府県議会、当該区域内の市町村議会、長の連合組織その他の関係機関、学識経験者等の意見を聴くこと	勧告したら、直ちに公表、総務大臣に報告すること　➡　総務大臣が国の関係行政機関に通知 ◦勧告内容を促進するため ◦必要な措置を講じること

▪市・町の要件（法8条）

❶市の要件	①人口5万以上 ②中心市街地の区域内にある戸数が、全戸数の6割以上 ③商工業その他の都市的業態に従事する者及びその者と同一世帯に属する者の数が全人口の6割以上 ④①～③のほか、当該都道府県の条例で定める都市的施設その他の都市としての要件
❷町の要件	◦当該都道府県の条例で定める町としての要件

3 事 務 (1)

この項では、事務の種類や処理の原則などを網羅しています。中でも、国と地方公共団体の役割分担をはじめ、条例による事務処理の特例のように、都道府県と市町村との関係が複雑に絡むケースがあり、1つひとつ丁寧に消化していく必要があります。

▪ 自治行政権

憲法 94 条
「地方公共団体は、財産を管理し、事務を処理し、行政を執行する権能を有す」

⬇

地方公共団体の自治行政権を保障している

▪ 国と地方公共団体の役割分担

❶国の役割（法 1 条の 2 ②）

国が本来果たすべき役割を重点的に担う	①国際社会における国家としての存立にかかわる事務
	②全国的に統一して定めることが望ましい国民の諸活動
	③地方自治に関する基本的準則に関する事務
	④全国的な規模・視点で行わなければならない施策・事業
	など

❷地方公共団体の役割（法 1 条の 2 ①）

住民福祉の増進 を図ることを **基本** とし、
地域における行政 を
自主的 かつ **総合的** に実施する
役割を広く担う

❸その他の規定

項　目	取扱い
住民に身近な行政 （法１条の２②）	国は、できる限り地方公共団体に委ねることを基本とし、地方公共団体との間で適切に役割分担をすること
地方公共団体の制度の策定、施策の実施（法１条の２②）	地方公共団体の自主性・自立性が十分に発揮されるようにすること
地方公共団体に関する法令の規定 （法２条⑪～⑫）	地方自治の本旨に基づき、かつ、国と地方公共団体との適切な役割分担を踏まえたものであること ➡ 解釈・運用をする場合も、これを踏まえること
特別地方公共団体に関する法令の規定（法２条⑫）	特別地方公共団体の特性にも照応するよう解釈・運用をすること
法令により地方公共団体が処理することとされる事務＝自治事務のとき（法２条⑬）	国は、地方公共団体が地域の特性に応じて当該事務を処理することができるよう特に配慮すること

▪地方公共団体の事務

地域における事務及びその他の事務で法令により処理することとされる事務 **（法２条②）**

- 自治事務
- 法定受託事務 ─ 第１号
　　　　　　　　　 第２号

❶自治事務（法２条⑧）

。地方公共団体が処理する事務のうち、法定受託事務以外の事務

❷法定受託事務（法２条⑨）

第１号…法令に基づき都道府県、市町村、特別区が処理することとされる事務のうち、国が本来果たすべき役割に係るもので、国において適正処理を特に確保する必要があるものとして、法令に特に定めるもの	**第２号**…法令に基づき市町村、特別区が処理することとされる事務のうち都道府県が本来果たすべき役割に係るもので、都道府県において適正処理を特に確保する必要があるものとして、法令に特に定めるもの

◎法律で定める第１号及び第２号法定受託事務は、それぞれ、法の別表第一、別表第二に掲げられている（法２条⑩）

❸自治事務と法定受託事務の取扱い

区　分	自治事務	法定受託事務
条例の制定権 （法14条①）	法令に違反しない限り可	
規則の制定権 （法15条①）	法令に違反しない限り可	
議決事件 （法96条②）	当然に議決事件になるし、条例で議決事件を広げることが可	国の安全に関することその他の事由により議会の議決すべきものとすることが適当でないものとして政令で定めるもの以外は可
議会の権限 ［検査権、監査請求権、調査権］ （法98条①～②、100条）	権限の行使が可 ◎ただし、労働委員会・収用委員会の権限事務で<u>政令で定めるもの</u>は除く ↓	権限の行使が可 ◎ただし、国の安全を害するおそれがあることその他<u>政令で定めるもの</u>は除く ↓
監査委員の権限 （法199条②、自令121条の4①～②、140条の5①～②）	労働争議のあっせん・調停・仲裁、収用に関する裁決など	国の安全を害するおそれがある事項、個人の秘密を害することとなる事項、収用に関する裁決など
審査請求 （法255条の2）	規定なし	所管大臣、知事等にすることが可
代執行 （法245条の8）	不可	可

❹財源措置（法232条）＝自治事務・法定受託事務を問わない

地方公共団体が行うもの	・当該団体の事務処理をするために必要な経費 ・その他法令により当該団体の負担に属する経費
国が行うもの	・法令により、地方公共団体に対し事務処理を義務付ける場合の必要経費

▪都道府県・市町村の事務処理…相互に競合することは不可（法2条⑥）

❶都道府県（法2条⑤）

・市町村を包括する広域の地方公共団体として、次の事務を処理する

①広域にわたるもの

②市町村に関する連絡調整に関するもの

③その規模又は性質において、一般の市町村が処理することが適当でないもの

❷市町村（法2条③〜④）

・基礎的な地方公共団体として、都道府県が処理するものを除き、一般に、地域における事務及びその他の事務で法令により処理することとされている事務を処理する
・上記都道府県の事務のうち③の事務なら、当該市町村の規模及び能力に応じては、当該市町村が処理することが可

- **条例による事務処理の特例（法252条の17の2）**

> ○ 知事の権限に属する事務の一部を、都道府県が定める条例により、市町村が処理することが可とする制度

> この場合、その事務は当該市町村長が管理・執行する

◎上記条例を制定・改廃するとき、知事はあらかじめ当該市町村長に協議すること

◎都道府県がその事務を市町村が行うこととする場合　➡　その事務執行に要する経費について、必要な財源措置をすること（地財法28条①）

◎市町村長は、議決を経て、知事に対し、知事の権限に属する事務の一部を当該市町村が処理することとするよう要請が可　➡　要請があったら、知事は速やかに当該市町村長と協議すること

［特例による効果（法252条の17の3）］

> **❶法令等の市町村への適用**
> ①市町村が処理することとされた事務について規定する法令・条例・規則中の都道府県に関する規定は、当該事務の範囲内で、当該市町村に適用がある（法252条の17の3①）
> ②市町村が処理することとされた事務は、事務を規定している都道府県の条例・規則を除き、当該市町村の条例・規則が適用となる（平11.9.14通知）
> ③法令に基づく事務を、条例による事務処理の特例により市町村が処理する場合には、当該事務に関し都道府県が定めていた条例等は、原則として当該市町村に適用されない（平11.9.14通知）
> **❷国の市町村への関与（法252条の17の3②）**
> ❶の①の規定により、国の行政機関が市町村に対して行うことになる助言等、資料の提出の要求等、是正の要求等は、知事を通じて行うことが可
> **❸国の行政機関との協議等（法252条の17の3③）**
> ①市町村が国の行政機関と行う協議は、知事を通じて行う
> ②「国の行政機関が市町村に行う許認可等」に係る申請等は、知事経由で行う
> **❹手数料徴収権（平11.9.14通知）**
> 許可等の権限を市町村が処理する場合、市町村の条例で手数料の徴収が可
> 　➡　当該手数料は、当該市町村の歳入となる

[是正の要求等の特則（法 252 条の 17 の 4）]

> ❶**特例による事務が自治事務である場合**
> 　知事は、各大臣の指示がなくても、市町村の違法な事務処理等に対する是正の要求を行うことが可
> ❷**特例による事務が法定受託事務である場合**
> 　市町村の違法な事務処理等に対する裁判に従い期限までに履行しない場合は、国が市町村に対し代執行を行うことが可
> 　また、市町村の処分は、知事に審査請求、その裁決に不服なら各大臣に再審査請求が可
> 　また、市町村長その他の執行機関（教育委員会・選挙管理委員会を除く）の処分は、知事に審査請求、その裁決に不服なら各大臣に再審査請求が可
> ※詳細は 211 ページ参照

[事務の委託制度（法 252 条の 14 ～ 16）との違い]
=分権一括法に係る自治法大改正（平成 11 年 7 月）後も、そのまま存続

「普通地方公共団体は、協議により規約を定め、事務の一部を、他の普通地方公共団体に委託して、当該他の団体の長又は同種の委員会・委員に管理・執行させることが可」

[事務の委託制度のポイント]

> ①都道府県と市町村だけではなく、市町村相互間にも適用される
> ②長以外の執行機関の権限事務も委託対象になっている
> ③規約の告示、総務大臣又は知事への届出が必要とされている
> ④協議には、双方団体の議会の議決を要する
> ⑤公益上必要なら、総務大臣又は知事による事務委託の勧告権がある

[事務の委託効果]

> ①当該事務に関する委託した側に適用すべき法令中の規定
> 　➡　委託の範囲内で、委託を受けた側にも適用
> ②委託を受けた側が規定する当該事務に関する条例・規則・規程
> 　➡　委託した側のものとして効力を有す

3　事　務 (4)

▪ **事務処理の原則**

❶住民福祉の原則（法2条⑭）
- 地方公共団体は、住民の福祉の増進に努めなければならない

❷能率化の原則（法2条⑭）
- 地方公共団体は、最少の経費で、最大の効果を挙げるようにしなければならない

❸合理化の原則（法2条⑮）
- 地方公共団体は、常に組織及び運営の合理化に努めるとともに、他の地方公共団体に協力を求めて、その規模の適正化を図らなければならない

❹法令等適合性の原則（法2条⑯）
- 地方公共団体は、法令に違反して事務を処理することは不可
- 市町村・特別区の事務処理は、当該都道府県の条例に違反することは不可

　　➡　違反して行った団体の行為は、無効とされる（法2条⑰）

▪ **事務の代替執行（法252条の16の2〜16の4）**

- 普通地方公共団体は、他の普通地方公共団体の求めに応じて、協議により規約を定め、<u>事務の代替執行</u>をすることが可

　　➡　他の団体の事務の一部を、当該団体又は団体の長、委員会、委員の名において管理・執行すること

- 代替執行事務を変更し、又は廃止するときも、関係団体の協議により行うこと
- 規約には、以下の事項につき規定を設けること
  - ア　事務の代替執行をする普通地方公共団体及びその相手方となる普通地方公共団体
  - イ　代替執行事務の範囲、管理・執行の方法
  - ウ　代替執行事務に要する経費の支弁方法
  - エ　上記ア〜ウに掲げるほか、事務の代替執行に関し必要な事項
- 普通地方公共団体が代替執行により、他の団体又は団体の長、委員会、委員の名において管理・執行したもの　➡　当該他団体又は他団体の長、委員会、委員が管理・執行したものとしての効力を有する

▪ 都と特別区の事務処理（法281条の2）…相互に役割分担をする

都

特別区を包括する広域の地方公共団体として、下記の事務を処理する

①都道府県が処理するものとされている事務
　（広域事務、市町村に関する連絡調整事務、規模・性質上の市町村不適事務）
②特別区に関する連絡調整事務
③市町村が処理するものとされている事務のうち、人口が高度に集中する大
　都市地域における行政の一体性・統一性確保の観点から、当該区域を通じ
　て都が一体的に処理することが必要と認められる事務

特別区

基礎的な地方公共団体として、都が一体的に処理するものとされている事務
を除き、一般的に市町村が処理するものとされている事務を処理する

①地域における事務
②その他の事務で法令により
　◦市が処理することとされるもの
　◦特別区が処理することとされるもの
　　＝一般市の事務とされていないもの
　　EX：保健所設置市の事務、競馬を施行する事務

4 住民・選挙

この項では、何と言っても選挙に関する規定が重要です。選挙権、被選挙権の区分や要件は議員、長それぞれを確実に理解してください。現在、選挙権年齢は18歳からとなっています。このように、公職選挙法も関係しますので、併せて参照しておくとよいでしょう。

▪ 住民の定義（法10条①）

> ◦ 市町村の区域内に住所を有する者は、当該市町村及びこれを包括する都道府県の住民とする

▪ 住民の権利・義務（法10条②）

❶権　利	役務の提供をひとしく受ける
❷義　務	負担を分任する

▪ 住民基本台帳（法13条の2）

> ◦ 市町村は、別に法律（住民基本台帳法）の定めるところにより、その住民につき、住民たる地位に関する正確な記録を常に整備しておくこと

・日本国民たる普通地方公共団体の住民の権利

❶選挙権・被選挙権（法 11 条、17 ～ 19 条、公選法 9 ～ 10 条）

種　別	選挙権
普通地方公共団体の議員	①日本国民であること ②年齢満 18 年以上 ③引き続き 3 か月以上、当該市町村区域内に住所を有すること
普通地方公共団体の長	議員の選挙権と同じ

種　別	被選挙権
普通地方公共団体の議員	①普通地方公共団体の議員の選挙権を有すること ②年齢満 25 年以上
普通地方公共団体の長	①日本国民であること ②年齢＝知事は満 30 年以上、 　　　　市町村長は満 25 年以上

❷直接請求権（法 12 ～ 13 条）

- 条例の制定・改廃請求権（地方税の賦課徴収、分担金・使用料・手数料の徴収に関するものは除く）

- 事務の監査請求権

- 議会の解散請求権

- 議員の解職請求権

- 長、副知事（副市町村長）、指定都市の総合区長、選挙管理委員、監査委員、公安委員会の委員の解職請求権

- 教育委員会の教育長又は委員の解職請求権

5 条例・規則 (1)

条文数が少ない割には、よく出題される分野で、制定のルール、手続、罰則に大別されます。国と地方は対等の関係と言われて久しいですが、条例・規則の制定は相変わらず「法令」に違反することができませんので、注意する必要があります。

▪自治立法権

> 憲法 94 条
> 「地方公共団体は、法律の範囲内で条例を制定することが可」

> 地方公共団体の自治立法権を保障している

◎憲法でいう「条例」とは、地方議会が定立する条例のほか、長その他の執行機関が規定する規則等も含む

▪条例の制定（法14条）…法令に違反しない限りにおいて可

条例の制定・改廃は地方公共団体の議会の議決による	=	議会の専権事項（法96条①Ⅰ）
地方公共団体が住民に義務を課し、又は権利を制限する場合	→	法令に特別の定めある場合を除き、必ず条例で定めること

［主な条例規定事項］

❶地方公共団体の存立に関わる事項

地方公共団体の名称変更（法3条）

（ただし、「都道府県」の名称変更は法律によるので注意！）

地方公共団体の事務所の位置（法4条）

❷議会に関わる事項

議員の定数・定数の増減（法90〜91条）

議会の議決事件の追加（法96条②）

議会の委員会の設置（法109条）

❸執行機関・補助機関等に関わる事項

支庁・地方事務所・支所等の設置（法 155 条）

内部組織の設置（法 158 条）

副知事又は副市町村長の定数（法 161 条②）

職員の定数（法 172 条③）

❹給与関係

給与等の支給制限（法 204 条の 2）

❺財務関係

分担金・使用料・加入金・手数料に関する事項（法 228 条）

❻財産関係

財産の処分（法 237 条）

［条例の発案権］

❶団体意思に関するもの　＝　原則として議会・長の双方にあり

（団体の事務所の位置の設定・変更条例、

助役（現・副市町村長）を置かない条例など）

❷議会意思に関するもの　＝　原則として議会にあり

（議会の委員会設置条例、議会事務局設置条例など）

◎❶〜❷とも、議会の場合は、議員定数の 1/12 以上の賛成で議案の提出が可

❸長の権限に関するもの　＝　原則として長にあり

（職員定数条例、事務部局設置条例など）

❹制定・改廃に関する直接請求権　＝　住民にあり

［条例の制定・改廃手続（法 16 条）］

議会の議決 → ①議長は、議決日から 3 日以内に長に送付すること

②長は、送付日から 20 日以内に公布

　※ただし、再議その他の措置を講じた場合は、この限りではない

③特別の定めあるものを除き、公布日から 10 日を経過した日から

　施行

5 条例・規則 (2)

▪ 規則の制定

❶地方公共団体の長…法令に違反しない限りにおいて、その権限に属する
（法 15 条①） 事務に関し、規則の制定が可

　　　　　　　　　　。議会や他の執行機関の権限に属する事項については、制定不可

❷その他の執行機関…法令・条例・長が定める規則に違反しない限りにおいて、
（法 138 条の 4 ②） その所管事務に関し、規則その他の規程の制定が可

❸議会…会議規則を設けること（法 120 条）、議長は会議の傍聴に関し必要
な規則を設けること（法 130 条③）

[規則で定める事項]

①地方公共団体の内部規律
　。公印取扱規則、会計事務規則など、直接的には住民に関係のないもの

②住民の権利義務に関する事項
　＝原則的に条例の専権事項だが、法律又は条例の委任があれば規則での
　　制定が可

[規則の制定・改廃手続（法 15 ～ 16 条）]

長その他の執行機関、議会がそれぞれの権限事項について制定

↓

長その他の執行機関の定める規則は、議会の議決を得る必要はないが、
公表を要するものについての公布・施行は、原則として条例に準じる

▪条例・規則の効力…原則として、当該地方公共団体の区域の範囲内で有効、両者間に優劣なし
（ただし、競合した場合は、条例が優先すると解されている）

❶地域的効力	◦当該団体の住民に限らず、通勤・通学者、旅行者等にも及ぶ ◦タバコのポイ捨て禁止条例、交通事故防止条例など
❷属人的効力	◦特定者に追随して適用される 　➡　当該団体の区域に限定されない ◦情報公開条例、職員の勤務時間条例・規則など
❸時間的効力	◦効力は、一般法令と同様、公布・施行された日から 　失効・廃止された日まで

▪条例・規則の罰則（法 14 条③、法 15 条②）

❶**条例**…法令に特別の定めあるものを除き、条例中に罰則規定を定めることは可

| ①2 年以下の懲役又は禁錮
②100 万円以下の罰金、拘留、科料、没収 | ➡ | 刑罰＝事件については
裁判所が管轄 |

| ③5 万円以下の過料 | ➡ | 事件については長が管轄 |

❷**規則**…法令に特別の定めあるものを除き、規則中に罰則規定を定めることは可

| 5 万円以下の過料 | ➡ | 事件については長が管轄 |

（法令に個別的委任がない限り、規則中に刑罰を設けることは不可（昭 25.7.31 行実））
◎過料処分を科す場合
　➡　相手方に対して、あらかじめその旨を告知し、弁明の機会を与えること
　　（法 255 条の 3）

6 直接請求

「覚えるのが苦手」という人が多い分野です。しかし、条文を読んだだけではよくわからなくても、表で整理してしまえば、それほど難しいものではありません。この請求の場合はこのようになる、という手順をきちんと理解していきましょう。

▪ 種類としくみ

	請求先	必要署名数
条例の制定・改廃請求 （法 74 条）（※ 1）	地方公共団体の長	有権者の 1/50 以上の連署
事務の監査請求 （法 75 条）	監査委員	有権者の 1/50 以上の連署
議会の解散請求 （法 76 ～ 79 条）	選挙管理委員会	有権者の 1/3 以上の連署 （※ 2、3）
議員の解職請求 （法 80 条、82 ～ 84 条）	選挙管理委員会	所管選挙区の有権者の 1/3 以上の連署（※ 2、3）
長の解職請求 （法 81 ～ 84 条）	選挙管理委員会	有権者の 1/3 以上の連署 （※ 2、3）
副知事（副市町村長）、指定 都市の総合区長、選挙管理委 員、監査委員、公安委員会の 委員の解職請求 （法 86 ～ 88 条）	地方公共団体の長	有権者の 1/3 以上の連署 （※ 2、3）
教育長、教育委員の解職請求 （地教行法 8 条）	地方公共団体の長	有権者の 1/3 以上の連署 （※ 2、3）

※ 1 地方税の賦課徴収、分担金・使用料・手数料の徴収に関するものを除く
※ 2 有権者総数が 40 万を超え 80 万以下の場合→〔（その 40 万を超える数 × 1/6) ＋
（40 万 × 1/3)〕以上の連署
※ 3 有権者総数が 80 万を超える場合→〔（その 80 万を超える数 × 1/8) ＋
（40 万 × 1/6) ＋（40 万 × 1/3)〕以上の連署
※ 4 議会は、付議事件の審議に当たっては、請求代表者に意見を述べる機会を与えること

必要な措置	請求制限期間	通知先等
受理日より20日以内に議会を招集し、意見を付け付議（※4）	なし	代表者に通知、公表
監査の実施（※5）	なし	代表者に送付、公表、議会・長・関係ある委員会・委員に提出（※6）
選挙人の投票に付し、過半数の同意あれば解散	一般選挙のあった日又は解散請求に基づく投票のあった日から1年間	代表者・議長に通知、公表、長に報告
選挙人の投票に付し、過半数の同意あれば失職	就職の日（無投票当選を除く）又は解職請求に基づく投票のあった日から1年間	代表者・関係議員・議長に通知、公表、長に報告
選挙人の投票に付し、過半数の同意あれば失職	就職の日（無投票当選を除く）又は解職請求に基づく投票のあった日から1年間	代表者・長・議長に通知、公表
議会に付議し、議員2/3以上の出席、3/4以上の同意あれば失職（※7）	就職の日又は解職請求に基づく議決のあった日から1年間又は6か月間（※8）	代表者・関係者に通知、公表
議会に付議し、議員2/3以上の出席、3/4以上の同意あれば失職（※7）	就職の日又は解職請求に基づく議決のあった日から6か月間	代表者・関係者に通知、公表

※5　監査委員は合議により、監査結果に関する報告を決定
※6　各監査委員の意見不一致により決定できない事項があれば、その旨及び各監査委員の意見を同様に送付、公表、提出すること
※7　議会の決定に不服がある者は、法118条⑤を準用できる（46ページ1番下を参照）
※8　副知事（副市町村長）、指定都市の総合区長は1年間、選挙管理委員、監査委員、公安委員会の委員は6か月間

7 署名収集の諸則（1）

昇任試験で意外と穴馬的に出題される分野です。特に、氏名代筆者、署名の無効などが要注意です。また、署名の証明、縦覧、争訟、罰則といったところは、日数や金額などの数字が頻繁に出てくるので、間違えないよう確実に記憶することが必要です。

- **請求代表者（法74条①、⑥、公選法27〜28条）**
  - 直接請求は、必要数の連署をもって、請求代表者から請求先に行うことになっている
  - 有権者のうち下記の者は、請求代表者となり、又は代表者であることが不可
  - ア　公選法の規定により、選挙権を有しなくなった又は当該市町村区域内に住所を有しなくなったため、選挙人名簿にその旨の表示をされている者（都道府県に係る請求の場合は、同一都道府県内の他の市町村区域内に住所を有している者を除く）
  - イ　公選法の規定により、登録日以後に選挙人名簿から抹消された者
  - ウ　普通地方公共団体の選挙管理委員会の委員又は職員である者
  - ※選挙人名簿の登録、表示、抹消等を行うのは、市町村選挙管理委員会である

- **収集期間**
  - 請求代表者の告示があった日から、都道府県、指定都市は2か月以内、指定都市以外の市町村は1か月以内（自治令92条③、100条）

- **収集制限期間**
  - 当該地方公共団体の区域内で選挙が行われるとき（法74条⑦）
  - EX：任期満了による場合…任期満了の日前60日に当たる日から当該選挙の期日まで（自治令92条④）

- **署名の無効（法74条の3①〜②）**
  - ①法令の定める成規手続によらない署名
  - ②何人であるかを確認し難い署名
  - ③詐偽又は強迫に基づく旨の異議の申出があり、市町村選挙管理委員会がこれを正当と決定した署名

- **関係人の出頭・証言（法74条の3③）**
  - 市町村選挙管理委員会は、署名の効力決定に必要なら、求めることが可

- **代　筆（法74条⑧〜⑨）**
  - 心身の故障その他の事由により署名不可の有権者は、**その者の属する市町村の有権者**に委任して、自己の氏名を署名簿に記載させることが可（請求代表者・その委任を受けた署名収集者は除く）
    - ◎この場合、氏名代筆者は、当該署名簿に氏名代筆者としての署名をすること

- 署名の審査（法 74 条の 2 ①〜⑥）

請求代表者

○ 署名簿の提出
○ 署名者が選挙人名簿登録者であることの証明を求める

市町村選挙管理委員会

○ 署名簿提出日から 20 日以内に審査を行い、署名の効力を決定・証明する
○ 証明終了日から 7 日間、署名簿を関係人の縦覧に供す
　（期間・場所をあらかじめ告示し、公衆の見やすい方法により公表する）

関係人＝選挙人名簿に登載されている者全部を指す
　　　　　　　　　　　　（昭 26.9.10 行実）

○ 関係人による異議の申出＝縦覧期間中にのみ可
○ 当該署名に直接の利害関係を有しない者は、申出不可（昭 26.9.10 行実）

市町村選挙管理委員会

○ 申出が正当ではない　➡　申出人に通知
○ 申出が正当　➡　証明を修正　➡　申出人・関係人に通知、告示

正当か否かは、申出受理日から 14 日以内に決定すること

※異議の申出なし　｝　・有効署名総数を告示
※異議について決定　　　・署名簿を代表者に返付

- 署名の効力に関する争訟 (法74条の2 ⑦～⑩)

> 異議の申出に対する市町村選挙管理委員会の決定に不服がある者が行える

[都道府県に関する請求の場合]

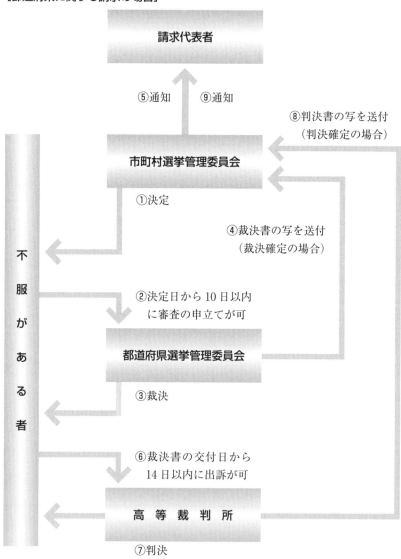

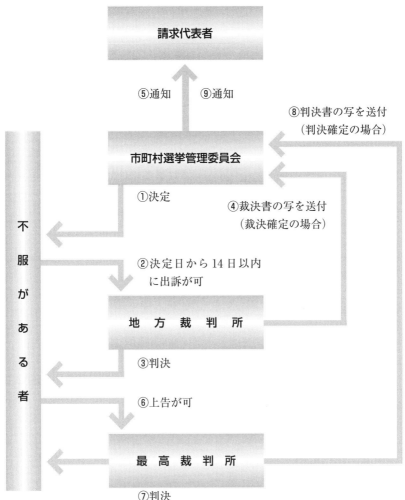

[市町村に関する請求の場合]

請求代表者

⑤通知　⑨通知

⑧判決書の写を送付
（判決確定の場合）

市町村選挙管理委員会

①決定

④裁決書の写を送付
（裁決確定の場合）

②決定日から14日以内
　に出訴が可

不服がある者

地 方 裁 判 所

③判決

⑥上告が可

最 高 裁 判 所

⑦判決

○ **裁決・判決の期間（法74条の2⑪）**
　①審査の申立てに対する裁決 ➡ 申立受理日から20日以内
　②訴訟の判決 ➡ 事件受理日から100日以内
○ **管轄裁判所（法74条の2⑫）**
　裁判は、当該決定又は裁決をした選挙管理委員会の所在地を管轄する
　地方裁判所又は高等裁判所の専属管轄とする

署名収集の諸則 (3)

- 署名に関する罰則
  - ❶請求者の署名に対するもの（法74条の4）

◦ 署名権者又は署名運動者に対し、暴行・威力を加え又はかどわかした者 ◦ 交通・集会の便を妨げ、又は演説を妨害し、その他偽計詐術等不正の方法をもって署名の自由を妨害した者 ◦ 署名権者若しくは署名運動者又はその関係ある社寺等に対する特殊の利害関係を利用して、署名権者又は署名運動者を威迫した者	4年以下の懲役・禁錮又は 100万円以下の罰金
◦ 請求者の署名を偽造若しくはその数を増減した者 ◦ 署名簿その他の請求に必要な関係書類を抑留・毀壊・奪取した者 ◦ 有権者の委任を受けずに又は有権者が心身の故障・その他の事由により署名することができないときでないのに、氏名代筆者として請求者の氏名を署名簿に記載した者 ◦ 有権者が心身の故障・その他の事由により署名することができない場合、当該有権者の委任を受けて署名簿に記載した者が、氏名代筆者としての署名をせず又は虚偽の署名をしたとき	3年以下の懲役・禁錮又は 50万円以下の罰金
◦ 政令の定める所定の手続によらない署名簿を用いて署名を求めた者 ◦ 政令で定める署名を求めることができる期間外の時期に署名を求めた者	10万円以下の罰金

❷署名の効力決定において、市町村選挙管理委員会が求める関係人の
出頭・証言に対するもの（法74条の3③〜④）

◦正当な理由がなく出頭・証言を拒んだ者	6か月以下の禁錮 又は 10万円以下の罰金
◦民事訴訟に関する法令の規定により宣誓した選挙人 その他の関係人で虚偽の陳述をした者	3か月以上5年以下の 禁錮

ただし、罪を犯した者が、議会で調査終了の議決が
ある前に自白すれば、この刑を減軽又は免除するこ
とが可

❸地位を利用した署名運動に対するもの（法74条の4⑤）

◦次に掲げる者が、その地位を利用して署名運動をし たとき 　ア　国・地方公共団体の公務員、行政執行法人・ 　　　特定地方独立行政法人の役員又は職員 　イ　沖縄振興開発金融公庫の役員又は職員	2年以下の禁錮 又は 30万円以下の罰金

8　議　会（1）

この項は、昇任試験の頻出分野 NO.1 ではないでしょうか。ほとんどすべてが重要ですが、特に、議会の権限、議会の運営、会議がマークすべき二重丸です。議員の中では、議長に関する規定が要注意です。

・位置づけ

●憲法 93 条「地方公共団体には、法律の定めるところにより、その議事機関として、議会を設置する」➡　普通地方公共団体に、議事機関として、当該団体の住民が選挙した議員をもって組織される「議会」を置く（法 89 条）
　⇨議会は、この法律の定めにより、当該団体の重要な意思決定事件の議決、検査、調査その他の権限を行使する
　⇨権限の適切な行使のため、議員は、住民の負託を受け、誠実に職務を行うこと
　◎ただし、町村は条例により、議会を置かず、有権者から成る町村総会を置くことができる（法 94 条）　➡　町村の議会に関する規定を準用する（法 95 条）

　☆条例の制定など立法権だけではなく、行政作用に参与する権能も併せ持つ

。地方公共団体の二元代表制
　　　　　　　議会と長のどちらも住民の直接選挙により選ばれる

住　民

選　挙　　　　　　行政サービス　　　　　　選　挙

［議事機関］
議　会　　　　　　地方公共団体　　　　　　［執行機関］
　　　　　　　　　　　　　　　　　　　　　長

・議　員

　❶定　数（法 90 条①、91 条①）

　　。都道府県及び市町村の議会の議員定数は、条例で定める
　　※以前の自治法では、都道府県・市町村ともに、その人口に比例した上限値が定められていたが、平成 23 年の改正で撤廃された

[各種規定]

項目	取扱い
議員定数の変更 （法90条②、91条②）	一般選挙の場合でなければ不可
都道府県の自主的合併 （法90条③〜⑦）	①著しく人口の増加があった都道府県は、議員の任期中でも定数増加が可 ②設置関係都道府県 ➡協議（要議決）により、あらかじめ新たに設置される都道府県の議員定数を定めること ➡直ちに告示　＝　新たに設置される都道府県の条例で定められたものと見なす
市町村の廃置分合 又は境界変更 （法91条③〜⑧）	①著しく人口の増減があった市町村は、議員の任期中でも定数増減が可 ②定数を減少した場合、現職議員数がその減少した定数を超えているとき ➡当該議員の任期中は、その数をもって定数とする（議員に欠員が生じたら、これに応じ、その定数は減少した定数に至るまで減少する） ③市町村の設置を伴う市町村の廃置分合の場合 ➡設置関係市町村が2以上なら協議（要議決）、1なら議決を経て、あらかじめ新たに設置される市町村の議員定数を定めること ➡直ちに告示　＝　新たに設置される市町村の条例で定められたものと見なす

8 議　会 (2)

❷地　位

。任期 4 年［補欠議員は、前任者の残任期間在任する］（法 93 条）

主な身分の喪失事由

①直接請求／議会の解散請求の成立（法 78 条）

②直接請求／議員の解職請求の成立（法 83 条）

③任期満了（法 93 条）

④議会の許可による辞職［閉会中は、議長の許可による］（法 126 条）

⑤兼業禁止職（法 92 条の 2）への就任（法 127 条①）

⑥被選挙権の喪失（法 127 条①）

> 議会が決定
> ➡不服がある場合
> 　法 118 条⑤を準用
> ※下記［議会の決定に不服がある者］参照

⑦選挙の無効又は当選無効の確定（法 128 条）

⑧議会による除名（法 135 条①Ⅳ）

⑨長による議会の解散（法 178 条①）

⑩議会の自主解散（「地方公共団体の議会の解散に関する特例法」2 条による）

[議会の決定に不服がある者（法 118 条⑤）]

▪ **議会の権限**

❶**議決権（法96条）…議決事件として制限列挙されている**

①条例の制定・改廃

②予算の決定

③決算の認定

④法令のほか、地方税の賦課徴収、分担金・使用料・加入金・手数料の徴収

⑤条例で定める契約の締結

⑥条例で定める場合を除くほか、財産の交換・出資目的化・支払手段化・適正な対価なき譲渡・適正な対価なき貸付

⑦不動産の信託

⑧条例で定める財産の取得・処分

⑨負担付き寄附又は贈与を受けること

⑩法令・条例で特別に定める場合を除き、権利を放棄すること

⑪条例で定める重要な公の施設につき、条例で定める長期かつ独占的な利用をさせること

⑫地方公共団体が当事者である審査請求その他の不服申立て・訴えの提起・和解・あっせん・調停・仲裁に関すること

⑬法律上の義務に属する損害賠償の額の決定

⑭区域内の公共的団体等の活動の総合調整

⑮その他法令（これに基づく条例を含む）により議会の権限に属する事項

◎以上のほか、条例で議決事件を定めることが可（法定受託事務に係るものにあっては、国の安全に関することその他の事由により議会の議決すべきものとすることが不適当として政令で定めるものを除く）

　　　　　↓　〔自治令121条の3〕

◦国民保護法により、知事が防衛大臣に対して行う自衛隊部隊等の派遣要請に係る事務など

◦災害救助法施行令により、知事が内閣総理大臣に対し協議して定める救助の程度、方法、期間に係る事件

8 議　会 (3)

❷選挙権（法 97 条①）

- 法令により自らの権限に属する選挙を行うこと
- 議長・副議長の選挙
- 仮議長の選挙
- 選挙管理委員会委員及び補充員の選挙等

→ 比較多数で決する（出席議員の過半数ではないので注意）

❸予算の増額修正権（法 97 条②）

- 議会は、予算につき、増額して議決することが可

 ただし、長の予算提出権を侵すことは不可

❹検査権（法 98 条①）

- 議会は、普通地方公共団体の事務の管理・議決の執行・出納を検査することが可
- 議会が自ら行使する
  ①事務に関する書類・計算書の検閲
  ②長その他の執行機関への報告請求

→ 書面審査のみ可

↓ 実地検査が必要なら、監査請求権によること（昭 28.4.1 行実）

❺監査請求権（法 98 条②）

- 議会は、監査委員に普通地方公共団体の事務に関する監査を求め、監査結果の報告を請求することが可

 ただし、❹～❺については、24 ページに記載した「自治事務と法定受託事務の取扱い」のとおり議会の権限、監査委員の権限に一定の制約がある

❻意見表明権（法 99 条）

- 議会は、当該団体の公益に関する事件につき、国会又は関係行政庁に意見書の提出が可

 裁判所等は含まれない

❼調査権（法100条）

○議会は、普通地方公共団体の事務に関する調査が可、当該調査を行うため特に必要があると認めるときは選挙人その他の関係人の<u>出頭・証言・記録の提出の請求が可</u>

出頭・証言等の拒否者、虚偽の陳述の者	○正当な理由なく拒めば6か月以下の禁錮又は10万円以下の罰金 ○虚偽の陳述をすれば3か月以上5年以下の禁錮

議会は告発すること	➡	ただし、罪を犯した者が、議会で調査終了の議決がある前に自白すれば、この刑を減軽又は免除することが可、告発の見送りも可

○選挙人その他の関係人が、「公務員として知り得た事実」として職務上の秘密である旨の申立てをした場合

↓

○議会は、当該官公署の承認がなければ、証言又は記録の提出請求は不可（ただし、当該官公署が承認を拒むときは、理由を申し開きすること）

○議会が、申し開きに理由なしと認めれば、当該官公署に対して、「証言又は記録の提出が公の利益を害する」旨の声明を要求することが可

○当該官公署は、要求受理日から20日以内に声明をしなければ、証言又は記録の提出をしなければならない

❹〜❺と同じく、議会の調査権には一定の制約あり

☆議会	議案の審査 又は 当該団体の事務に関する調査	必要な専門的事項に係る調査を学識経験者等にさせることが可（法100条の2）

[その他 100 条調査に関する諸規定]

項 目	規 定
照会・記録の送付 (法 100 条⑩)	議会が、調査のため当該団体の区域内の団体等に対し、照会又は記録の送付を求めたら ➡ 団体等は求めに応じること 。「団体等」には、国の行政機関は含まない （昭 23.3.23 行実）
経費の額の定め (法 100 条⑪)	議会が調査を行うとき ➡ あらかじめ、予算の範囲内において、調査に要する経費の額を定めておくこと （その額を超えて経費の支出をするときは、更に議決を要す）
協議・調整の場の設置 (法 100 条⑫)	会議規則により議案審査又は議会運営に関し協議又は調整を行うための場を設けることが可
議員の派遣 (法 100 条⑬)	議会は、議案の審査・事務の調査等必要があれば、会議規則の定めにより、議員の派遣が可
政務活動費 (法 100 条⑭〜⑯)	調査研究その他の活動に資するため必要な経費の一部として、議会の会派又は議員に対し、政務活動費の交付が可（交付の対象・額・方法・充てることができる経費の範囲は条例で定める） ➡ 交付を受けた会派又は議員は、条例の定めにより、政務活動費に係る収入・支出の状況を書面又は電磁的記録で議長に報告すること ➡ 議長は、使途の透明性の確保に努めるものとする
刊行物等の送付 (法 100 条⑰〜⑱)	①政府 (1)都道府県議会に官報・政府刊行物 (2)市町村議会に官報・関係する政府刊行物 ②都道府県 当該区域内の市町村議会・他の都道府県議会に公報・適当と認める刊行物
図書室 (法 100 条⑲〜⑳)	議会は、議員の調査研究に資すため、図書室を附置し、上欄の官報等を保管すること ＝ 図書室は、一般に利用させることが可

❽請願処置権（法124〜125条）

- 憲法16条「何人も、平穏に請願する権利を有す」

当該普通地方公共団体の住民のみならず、他の全ての住民ができ、自然人たると法人たるとを問わない（昭25.3.16 行実）

※国籍を問わず、選挙権の有無を問わず、当該団体内に住所を有しなくて可

- 議会に請願をしようとする者は、議員の紹介により請願書を提出すること（法124条）

  （議員の紹介のないものは、「陳情」という）
- 議会で請願を採択したものは、関係執行機関に送付し、処理の経過及び結果の報告を請求することが可（法125条）

❾同意権（法162条ほか）

- 長の選任権、事務の執行等に対するもの
- 副知事・副市町村長
- 職員の賠償責任の免除
  など

❿諮問答申権（法206条③ほか）

- 長からの諮問に対して、意見を述べなければならない

▪議会の運営

❶定例会・臨時会（法 101 ～ 102 条）

項　目	定例会	臨時会
∘議会の招集権は、当該団体の長にある		
開催回数	∘毎年、条例で定める回数	∘必要がある場合、その事件に限り招集
議会権限		∘議長と議員には招集請求権がある
招集請求		★議長は、議会運営委員会の議決を経て、長に対して会議に付議すべき事件を示して、臨時会の招集請求が可 ★議員定数の 1/4 以上の者は、長に対して会議に付議すべき事件を示して、臨時会の招集請求が可 ⬇ ★上記★の招集請求があったときは、長は請求日から 20 日以内に臨時会を招集すること ★議長による臨時会招集請求があった日から 20 日以内に、長が招集しないときは、議長が招集することが可 ★議員定数の 1/4 以上の者による臨時会招集請求があった日から 20 日以内に、長が招集しないとき ⬇ ★議長は、請求した者の申出に基づき、当該申出があった日から、都道府県・市は 10 日以内、町村は 6 日以内に招集すること ★議長が招集する場合は、請求において示された会議に付議すべき事件を、臨時会に付議すべき事件として、議長があらかじめ告示すること
付議事件	∘付議事件の有無に関わらず招集される ∘全ての案件が取り上げられる	∘長があらかじめ告示すること ∘臨時会の開会中に緊急を要する事件があるときは、直ちに会議に付議することが可

❷会期制度の特例（法 102 条の 2）

◦議会は、定例会・臨時会とせず、毎年、条例で定める日から翌年の当該日の前日までを会期とすることが可

◦この場合は、条例で、定例日（定期的に会議を開く日）を定めること
◦条例で定める日の到来をもって、長が招集したと見なす
◦会期中に、議員の任期満了、議会の解散、議員が全てなくなったとき

　　当該日をもって会期終了

　　長は上記理由で行われた一般選挙により選出された議員の任期開始日から 30 日以内に、議会を招集すること

◦長は議長に対し、付議事件を示し、定例日以外の日の会議を開くことを請求することが可

　　議長は当該請求日から、都道府県・市は 7 日以内、町村は 3 日以内に会議を開くこと

❸告　示（法 101 条⑦）

◦長が行う　　◦都道府県・市　➡　開会の日前の 7 日までに行う
　　　　　　　◦町村　　　　　➡　開会の日前の 3 日までに行う

　　ただし、緊急を要する場合はこの限りではない

※招集の告示をした後、開会日に会議を開くことが、災害その他やむを得ない事由により困難と認めるとき
　➡　当該告示をした者は、開会日を変更することが可
　➡　変更した場合は、変更後の開会日・変更理由を告示すること

❹会期等（法 102 条⑦）

◦会期・会期の延長・開閉に関する事項は、議会が定める

❺議長・副議長（法 103 ～ 108 条）

◦議会は、議員の中から議長、副議長を 1 人選出すること
　（任期は、議員の任期による）

[辞　職]

議長・副議長は、議会の許可を得て辞職が可

副議長は、閉会中においては議長の許可を得て辞職が可

[議長の権限]

議場の秩序保持、議事の整理、議会事務の統理、議会の代表、委員会への出席・発言、議会又は議長の処分又は裁決に係る当該団体を被告とする訴訟に関する団体の代表

[議長の代理]

議長に事故があるとき又は欠けたとき

➡　副議長が職務代理

代理

議長と副議長のともに事故があるとき

➡　仮議長を選挙する、ただし仮議長の選任を議長に委任することも可

議長と副議長がともに欠けたとき

➡　速やかに後任者を選挙すべきであり、
　　仮議長により議事を運営すべきではない（昭 25.6.26 行実）

選挙
選挙

議員の中からはじめに議長を選挙するとき及び仮議長を選挙する場合の議長空白期間

➡　年長の議員が臨時議長として職務を行う

◎「事故があるとき」…現に在職しているが、職務を執り得ない場合及びその職務を執らない事実のある一切の場合を指す（大 6.2.3 行実）

EX：海外旅行で長期間不在、長期間病気療養のため転地又は入院、危篤又は精神障害等のため判断能力を失った場合など（昭 39.9.18 行実）

◎「欠けたとき」…欠員になったとき　EX：死亡、辞職、除名など

❻議会の委員会（法109条）…条例で置くことができる（任意設置）

①常任委員会

その部門に属する当該団体の事務に関する調査を行い、議案・請願等を審査する

☆重要議案・請願等について、公聴会を開き、真の利害関係人又は学識経験者等からの意見聴取が可

☆事務の調査又は審査のため必要なら、参考人の出頭を求め、意見聴取が可

☆議決事件のうち、その部門に属する当該団体の事務に関するものにつき、議会に議案を提出することが可（ただし、予算については、この限りではない）　➡　議案の提出は、文書で行うこと

☆議会の議決により付議された特定の事件は、閉会中もなお審査が可

②議会運営委員会

議会の運営に関する事項
議会の会議規則・委員会に関する条例等に関する事項
議長の諮問に関する事項
} を調査し、議案・陳情等を審査する

上記①の☆は、②でも同様である

③特別委員会

議会の議決により付議された事件を審査する

上記①の☆は、③でも同様である

◎①～③とも、その他、委員の選任等の委員会に関し必要な事項は、条例で定める

8 議　会 (7)

- 会　議
❶定足数（法 113 条）

> 議員定数の半数以上の出席で、議会の会議は開会する
> ◎「過半数」ではなく、「半数以上」である

［例　外］

- 除斥のため半数に達しないとき
- 同一の事件につき再度招集しても、なお半数に達しないとき
- 招集に応じても出席議員が定数を欠き、議長が出席催告してもなお半数に達しないとき
- 議長の出席催告により、定足数で開会した後、再び半数に達しなくなったとき

◎除斥…議員は、自己・配偶者・2 親等以内の親族（94 ページ参照）の一身上に関する事件又は従事する業務に直接利害関係のある事件について、当該議事に参与不可（議会の同意あれば、会議に出席し、発言することができるが、議決に加わることは不可）

❷議会の開閉（法 114 条）

> 定数の半数以上の議員から請求があれば、議長はその日の会議を開くこと　➡　議長が開かなければ副議長、それも不能なら仮議長が開く
> 議員請求により開議したとき　／　議員中に異議あるとき　どちらかなら、議決によらなければ、その日の会議を閉会又は中止すること不可

❸会議公開の原則及び秘密会（法 115 条）

> 議会の会議は公開すること
> ①傍聴の自由、②報道の自由、③会議録の閲覧

> ◎ただし、例外により秘密会を開くことが可
> ➡　議長の発議又は議員 3 人以上の発議　➡　出席議員の 2/3 以上の多数で議決　➡　秘密会の開会
> （秘密会開会の発議は、討論を行わないで、その可否を決すること）

❹議案の提出（法 112 条）

> 議員定数の 1/12 以上の賛成で、文書をもって行うこと
> （予算についての議案提出は不可　➡　長の専管事項である）

> ◎修正の動議も、同様の発議が必要である（昭 24.8.15 行実）

❺議事の表決

［原　則］出席議員の過半数で決する（法116条）

［特　例］下記の特別議決あり

事　項	同意数
①地方公共団体の事務所の位置に関する条例の制定・改廃（法4条③） ②秘密会開会の議決（法115条①） ③議員の資格の決定（法127条①） ④長による一般的拒否権に対する再議（条例の制定・改廃又は予算に関するもの）（法176条③）［72ページ参照］ ⑤条例で定める重要な公の施設のうち、条例で定める特に重要な公の施設の廃止・長期かつ独占的な利用の決定（法244条の2②）	出席議員の2/3以上の同意
⑥主要公務員の解職請求に対する賛否（法87条①） ⑦議員の除名処分の決定（法135条③） ⑧長の不信任議決（法178条③）	議員数の2/3以上の出席で、その3/4以上の同意
⑨議会の自主解散の議決（解散法2条②）	議員数の3/4以上の出席で、その4/5以上の同意
⑩議会解散後の長の不信任の議決（法178条③）	議員数の2/3以上の出席で、その過半数の同意
⑪議会の選挙における指名推選による当選人の決定（法118条③）	出席議員全員の同意

8 議　会 (8)

[議事における議長の議決権・裁決権]

①通常議決［出席議員の過半数］の場合（法116条）

| 出席議員の中には、議長は含まれない | ➡ | 議長に議決権なし |

| 可否同数なら、議長が決する | ➡ | 議長に裁決権あり |

②特別議決の場合（昭26.5.2行実）

| 出席議員の中に、議長も含まれる | ➡ | 議長に議決権あり |

| 特別議決は、可否同数なら自動的に不成立 | ➡ | 議長に裁決権なし |

❻会期不継続の原則（法119条）

会期中議決に至らなかった事件は、後会に継続しない

例外：議会の議決により付議された特定の事件については、議会の
常任委員会・議会運営委員会・特別委員会で、会期終了後も
継続審査が可（法109条⑧）

❼会議規則（法120条）

議会は設けなければならない

❽議会の選挙（法118条）

原則として、比較多数の支持を得た者が当選（過半数ではない）

点字投票、代理投票も可（法118条①の公選法の規定の準用）

議員中に異議がなければ、指名推選の方法を用いることが可

→ 出席議員全員の同意があれば当選

（1つの選挙で2人以上選ぶときは、被指名人を区分して指
名推選することは不可）

投票の効力に異議があるときは、議会が決定する
（文書で理由を付け、本人に交付）

❾公聴会の開催・参考人の招致（法115条の2）

議会は会議（本会議）において、委員会同様に下記が可

° 重要議案・請願等について、公聴会を開き、真の利害関係人又は
学識経験者等からの意見聴取が可

° 事務の調査又は審査のため必要なら、参考人の出頭を求め意見聴
取が可

❿長・行政委員会委員長等の出席義務（法121条）

議会の審議に必要な説明のため議長から出席を求められたら、議場に出席すること

ただし、正当な理由があり、その旨を議長に届け出たときは、この限りではない

議長は、出席を求めるに当っては、執行機関の事務に支障がないよう配慮すること

⓫長の説明書提出（法122条）

予算説明書その他当該団体の事務に関する説明書を議会に提出すること

⓬会議録（法123条）

議長が事務局長又は書記長（書記長不置の町村は、書記）に書面又は電磁的記録により作成させ、会議次第・出席議員氏名を記載させ又は記録させること

会議録が

ア　書面で作成されているとき
➡議長及び議会で定めた2人以上の議員が署名すること
➡議長は、書面の写を添えて、会議結果を長に報告すること

イ　電磁的記録で作成されているとき
➡議長及び議会で定めた2人以上の議員が電子署名すること
➡議長は、当該電磁的記録を添えて、会議結果を長に報告すること

⓭議会の懲罰（法 134 ～ 137 条）

> 議会は、地方自治法・会議規則・委員会に関する条例に違反した議員に対して、議決により懲罰を科すことが可

> 必要事項は会議規則中に定めること

> 懲罰の動議を議題とするには、議員定数の 1/8 以上の者の発議が必要

> 種　類
>
> > ①公開の議場における戒告　　③一定期間の出席停止
> > ②公開の議場における陳謝　　④除名
> >
> > > ※「除名」については、議員のうち 2/3 以上の出席で、その 3/4 以上の特別議決が必要である
> > > ※除名議員の再当選（法 136 条）　➡　議会は拒むことが不可

> 欠席議員の懲罰（法 137 条）
>
> > ①議員が正当な理由なく招集に応じない
> > ②議員が正当な理由なく会議に欠席した
> >
> > > 議長が特に招状を発しても、なお故なく出席しない
> > > ➡　議長が議会の議決を経て、懲罰を科すことが可

⓮議会の紀律に関する議長の権限

①議場の秩序維持（法 129 条）

> 地方自治法・会議規則に違反その他議場の秩序を乱す議員　➡　制止又は発言を取り消させ　➡　その命令に従わなければ、その日の会議が終わるまで発言禁止又は議場の外に退去させることが可

> 議場騒然、整理困難なら、その日の会議を閉じ又は中止することが可
> 　➡　議員中に閉議に異議がある者があっても、議長は職権で閉議が可（昭 33.2.4 最裁判）

②会議の傍聴（法 130 条）

> 傍聴人が公然と可否を表明又は騒ぎ立てる等会議を妨害したら　➡　制止　➡　その命令に従わなければ、退場させ、必要なら警察官へ引き渡しをすることが可

> 傍聴席が騒がしいとき　➡　全ての傍聴人を退場させることが可

> 議長は、会議の傍聴に関し必要な規則を設けること

⓯注意の喚起（法 131 条）

> 議場の秩序を乱し又は会議を妨害する者があるとき　➡　議員は議長の注意を喚起することが可

⓰品位の保持（法 132 条）

> 議会の会議又は委員会で、議員は、無礼の言葉の使用又は他人の私生活にわたる言論は不可

⓱侮辱に対する処置（法 133 条）

> 議会の会議又は委員会で侮辱を受けた議員は、議会に訴え処分を求めることが可
> ・侮辱を受けた議員 1 人で可、1/8 以上の発議は不要（昭 31.9.28 行実）

・事務局（法 138 条）

①都道府県 ➡ 事務局を置く

②市町村 ➡ 条例により事務局を置くことが可

> 事務局に、事務局長、書記その他の職員を置く
> 事務局を置かない市町村の議会に書記長、書記その他の職員を置く（町村においては、書記長を置かないことが可）

⬇ 議長が任免する

> 常勤職員の定数は条例で定める（臨時の職は、この限りではない）
> 事務局長、書記長は議長の命、書記その他の職員は上司の指揮を受ける
> 事務局長、書記その他の職員の身分取扱いは、地方自治法に定めるものを除き、地方公務員法の定めるところによる

・雑則（法 138 条の 2）

①議会等に対して行われる通知

> 地方自治法の議会に関する規定において、「文書等」により行うことが規定されているもの ➡ 当該規定に関わらず、総務省令の定める電子情報処理組織を使用する方法で行うことが可 例）請願書の提出（法 124 条）

②議会等が行う通知

> 地方自治法の議会に関する規定において、「文書等」により行うことが規定されているもの ➡ 当該規定に関わらず、総務省令の定める電子情報処理組織を使用する方法で行うことが可 例）国会又は関係行政庁に対する意見書の提出（法 99 条）（ただし、法 99 条以外のものは、相手方がこの方法で受け付ける旨の表示をする場合に限る）

> ①、②の電子情報処理組織を使用する方法で行われた通知
> →当該通知を受ける者の使用に係る電子計算機に備えられたファイルへの記録がされた時に、当該者に到達したものと見なす

※1「議会等」とは、議会又は議長をいう（法 105 条の 2）
※2 総務省令で定める電子情報処理組織
　行政等の機関が使用するコンピュータと、申請者が利用するコンピュータをインターネットで接続したもの

9 執行機関

議事機関である議会と並んで、地方公共団体の大きな柱である執行機関は、住民サービスを取り仕切り、実務を担う重要な組織です。ここでは、執行機関の基本的な位置づけが理解できるよう、その通則を取り上げます。

▪ 事務管理・執行の責任（法 138 条の 2 の 2）

◦ 地方公共団体の執行機関

当該団体の条例、予算その他の議会の議決に基づく事務、法令・規則その他の規程に基づく事務を、自らの判断と責任において、誠実に管理・執行する義務を負う

▪ 執行機関の組織（法 138 条の 3）

◦ 地方公共団体の執行機関

長の所轄の下に、それぞれ明確な範囲の所掌事務と権限を有する執行機関により、系統的に構成すること

長の所轄の下に、執行機関相互の連絡を図り、全て一体として、行政機能を発揮するようにすること

◦ 地方公共団体の長

当該団体の執行機関相互の間の権限につき、疑義が生じたときは、これを調整すること

長の総合調整権（70 ページ）参照

▪ **委員会・委員 (法 138 条の 4)**

❶**委員会・委員の設置**

○ 地方公共団体に、その執行機関として長のほか、法の定める委員会、委員を置く

❷**規則その他の規程**

○ 委員会は、法の定めにより、法令、条例、規則に違反しない限りにおいて、その権限に属する事務に関し、規則その他の規程を定めることが可

❸**執行機関の附属機関**

○ 地方公共団体は、法律又は条例の定めにより、執行機関の附属機関として、自治紛争処理委員、審査会、審議会、調査会その他の調停、審査、諮問、調査のための機関を置くことが可
（ただし、政令で定める執行機関については、この限りでない）

[地方公共団体の二元代表制]

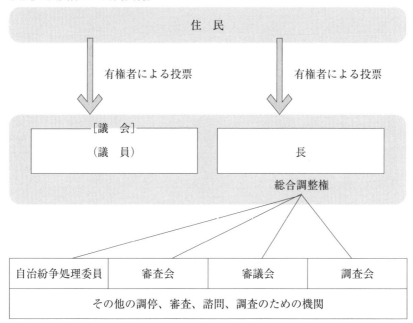

10 地方公共団体の長 (1)

長は自治法149条に定める事務を担任しますが、その権限が広範であり、昇任試験では、その1つひとつを内容にまで踏み込んで理解しなければなりません。また、地位や身分に関する出題も多いので、気が抜けない分野です。

▪ 位置づけ

憲法93条②
「地方公共団体の長、その議会の議員及び法律の定める
その他の吏員は、その地方公共団体の住民が、直接これを選挙する」

⬇

長と議会は車の両輪、（地方自治においては）大統領制を採用

⬇

都道府県に知事、市町村に市町村長を置く(法139条)

▪ 地　位

◦ 任期4年（法140条）

◦ 主な身分の喪失事由

①直接請求／長の解職請求の成立（法83条）

②任期満了（法140条）

③兼業禁止職（法142条）への就任（法143条）

④被選挙権の喪失（法143条）

⑤選挙の無効又は当選無効の確定（法144条）

選挙管理委員会が決定
➡ 不服がある者は、決定日の翌日から21日以内に、都道府県なら総務大臣、市町村なら知事に審査請求が可

⑥退職［辞職］（法145条）

　◦ 退職しようとする日前、知事は30日、市町村長は20日までに議長に申し出ること

　◦ ただし、議会の同意あれば、その期日前の退職も可

⑦不信任議決があり、10日を経過しても議会を解散しないとき（法178条②）

▪長の権限

項　目	内　容
統轄代表権 （法 147 条）	当該団体を統轄し、これを代表する
事務の管理・執行権 （法 148 条）	当該団体の事務を管理・執行する
規則制定権 （法 15 条）	法令に違反しない限りにおいて可
職員の任免権 （法 162 条ほか）	副知事（副市町村長）など
職員の指揮監督権 （法 154 条）	補助機関である職員を指揮監督する
管理に属する行政庁の 処分の取消・停止権 （法 154 条の 2）	管理に属する行政庁の処分が法令・条例・規則に違反するときは、取消・停止が可
支庁・地方事務所・ 支所等の設置権 （法 155 条）	知事は支庁・地方事務所、市町村長は支所・出張所の設置が条例で可
行政機関の設置権 （法 156 条）	保健所、警察署等の設置が条例で可
公共的団体等の監督権 （法 157 条）	区域内の公共的団体等の活動の綜合調整を図るために指揮監督が可 ・事務の報告要求、書類・帳簿の提出要求、実地についての事務の視察が可 ・必要な処分又は監督官庁の措置申請が可 ➡監督官庁は、長の処分の取消が可
内部組織権 （法 158 条）	必要な内部組織の設置が可（長の直近下位の内部組織の設置、分掌事務は条例で定める）

※綜合調整権は、70 〜 71 ページの通り

10 地方公共団体の長 (2)

- 長の担任事務（法149条）…概括列挙（おおむね、以下の事務を処理する）

> ①議会の議決を経べき事件への議案の提出
> ②予算の調製・執行
> ③地方税を賦課徴収、分担金・使用料・加入金・手数料の徴収、過料を科す
> ④決算を議会の認定に付す
> ⑤会計の監督
> ⑥財産の取得・管理・処分
> ⑦公の施設の設置・管理・廃止
> ⑧証書・公文書類の保管
> ⑨その他当該団体の事務を執行すること

長の事務引継（法159条）

政令で定める

正当な理由なく拒んだ者に対し、10万円以下の過料を科す規定の設定が可

- 長の権限の代行

❶委　任…法令の根拠を要する

> ・長は権限に属する事務の一部を、補助機関である職員に委任（法153条①）又は管理に属する行政庁に委任（法153条②）することが可

> ・権限の全部又は主要部分の委任は不可

> ・委任すると長はその権限を失い、受任庁が自己の名と責任において権限を行使

❷代　理

①法定代理…法令の根拠を要する

> ・本来の行政庁（長）が事故又は欠けたとき

> 法律の定めにより、代理庁（補助機関）がその権限全てを当然に代行

> 自治法上は、副知事（副市町村長）が職務を代理（法152条①）

=

> 副知事（副市町村長）が2人以上あるとき

> あらかじめ長が定めた順序で、代理者となる
> それがなければ、席次の上下、年齢、くじの順で代理者を充てる

副知事（副市町村長）が事故又は欠けたとき
副知事（副市町村長）を置かない団体で、長が事故又は欠けたとき

○長の指定する補助機関である職員が職務代理
　上記代理者がいない場合は、規則で定めた上席の職員を充てる
（法152条②〜③）

○長は代理庁を指揮監督できない
○法的効果は、長に及ぶ

②授権代理…個別の法令の根拠不要
○長は権限に属する事務の一部を、補助機関である職員に臨時代理させることが可（法153条①）
○本来の行政庁（長）が、代理庁に対し自己に代理して権限の一部を行う権能を与える
○長の権限は代理庁へ移動しない
○代理庁は長の名と責任において権限を行使
（代理関係と本来庁を明示して、権限を行使する）
○法的効果は、長に及ぶ

③代　決…法令の根拠不要
○長が補助機関に事務処理の決定を委ねる
（権限は、補助機関に移動する）
○外部に対しては、長の名で表示せしめる
○内部委任、専決とも言う

④補助執行…法令の根拠不要
○長の権限に属する事務の一部を内部的に補助執行させる
○対外的には、長の名と責任において執行される

▪ 財務に関する事務等の適正な管理・執行を確保するための方針策定等
（法 150 条）

◦ 知事・指定都市の市長は、担任事務のうち、

　　a　財務に関する事務その他総務省令で定める事務
　　b　上記 a のほか、その管理・執行が法令に適合し、
　　　　かつ適正実施を特に確保する必要がある事務
　　　　として、知事又は指定都市市長が認めるもの

　　　　　　　　　　　　　　　　　　　　　の管理・執行が

　　　　ア　法令に適合し、かつ適正実施を確保す
　　　　　　るための方針を定め
　　　　イ　これに基づき必要な体制を整備

　　　　　　　　　　　　　　　しなければ
　　　　　　　　　　　　　　　ならない

◦ 指定都市以外の市町村長は、

　　a　財務に関する事務その他総務省令で定める事務
　　b　上記 a のほか、その管理・執行が法令に適合し、
　　　　かつ適正実施を特に確保する必要がある事務と
　　　　して、市町村長が認めるもの

　　　　　　　　　　　　　　　　　　　　の管理・執行が

　　　　ア　法令に適合し、かつ適正実施を確保す
　　　　　　るための方針を定め
　　　　イ　これに基づき必要な体制を整備

　　　　　　　　　　　　　　　するよう
　　　　　　　　　　　　　　　努めなければ
　　　　　　　　　　　　　　　ならない

◦ 知事又は市町村長は、方針を定め、又は変更したときは、遅滞なくこれ
を公表すること
◦ 知事、指定都市の市長、方針を定めた市町村長（以下「知事等」という）は、

　　　　ア　毎会計年度少なくとも 1 回以上、総務省令の定めにより、方
　　　　　　針及び整備した体制について評価した報告書を作成すること
　　　　イ　監査委員の審査に付すこと
　　　　ウ　審査に付した報告書を、監査委員の意見を付けて議会に提出
　　　　　　すること（※意見の決定は、監査委員の合議によるものとする）
　　　　エ　議会に提出した報告書を、公表すること

- 自治法に定めるもののほか、方針及びこれに基づき整備する体制に関し必要な事項は、総務省令で定める
- 一部事務組合の管理者、又は広域連合の長に係る方針及びこれに基づき整備する体制については、これらの者を指定都市以外の市町村長と見なして、長の責務に関する自治法150条の規定を準用する（法160条）

解説 内部統制

　平成29年の自治法の改正で、第150条として、「財務に関する事務等の適正な管理・執行を確保するための方針策定等」が盛り込まれた。条文には直接出てこないが、これは「内部統制」と呼ばれている。

　この法改正は、第31次地方制度調査会の「人口減少社会に的確に対応する地方行政体制及びガバナンスのあり方に関する答申（平成28年2月末日決定。3月（16日）手交）」を受けており、その中で「地方公共団体のガバナンスにおいては、地方公共団体の事務を全般的に統轄し、地方公共団体を代表する立場にある長の意識が重要である。……事務を執行する主体である長自らが、行政サービスの提供等の事務上のリスクを評価及びコントロールし、事務の適正な執行を確保する体制（以下「内部統制」という。）を整備及び運用することが求められる。」と明示されている。

　「内部統制」とは、組織内において業務の処理の適正さを確保する上でのリスクを評価し、リスクに対応するための規範を設けるなど、自らコントロールする取組みをいい、これにより業務の適正な執行を確保する体制は、「内部統制体制」とされている。また、そうした体制を構築し、組織の中に適切な規範を定めるなど、それを現場の業務に適用していくことが「内部統制体制の整備」とされ、現場の業務に内部統制が適用され、効果、効能を発揮し機能することが「内部統制体制の運用」であるといえる。

『新版 逐条地方自治法』【第9次改訂版】（学陽書房）より

▪ 長の総合調整権

❶執行機関の組織原則（法 138 条の 3）

①長の所轄の下に、明確な範囲の所掌事務と権限を有する執行機関により、系統的に構成すること

②長の所轄の下に、執行機関相互の連絡を図り、全て一体として、行政機能を発揮するようにすること

③長は、執行機関相互間の権限につき疑義が生じたときは、これを調整するよう努めること

❷組織等に関する総合調整権（法 180 条の 4）

◦各執行機関を通じて組織・運営の合理化を図り、その相互間に権衡を保持するため必要なら

①委員会・委員の事務局等につき、組織・職員の定数・身分取扱いについて、必要な措置を講ずべきことを勧告することが可

②委員会・委員は、事務局等の組織・職員の定数・身分取扱いで、政令で定めるものにつき、規則その他の規程を定め、変更するときは、あらかじめ長に協議すること

❸予算執行に関する総合調整権（法 221 条、自治令 152 条）

①委員会・委員・これらの管理に属する機関で権限を有するもの	a 報告の徴取 b 執行状況の実地調査 c 必要な措置の要求
②工事請負契約者、物品納入者、補助金等受領者、調査等受託者	a 状況の調査 b 報告の徴取
③出資法人、債務負担法人、不動産信託の受託者	a 報告の徴取 b 執行状況の実地調査 c 必要な措置の要求

可

❹公有財産に関する総合調整権（法238条の2）

| 長 | 公有財産の取得又は管理につき
a　報告の徴取
b　実地調査
c　必要な措置の要求 | → | 可 | → | 委員会・委員・これらの管理に属する機関で権限を有するもの |

| 長 | あらかじめ長に協議すること
a　公有財産の取得
b　行政財産の用途変更
c　行政財産である土地の貸付・地上権・地役権の設定
d　行政財産の目的外使用許可で長の指定するもの | ← | 委員会・委員・これらの管理に属する機関で権限を有するもの |

| 長 | 直ちに長に引き継ぐこと
　　行政財産の用途廃止 | ← | 委員会・委員・これらの管理に属する機関で権限を有するもの |

▪ **他の執行機関との関係**

［長の事務委任等（法180条の2～3）］

長		委員会・委員
権限に属する事務の一部	← 協議 → 委任、補助執行させることが可 →	委員会、委員長、委員、事務補助職員、管理に属する機関の職員

長		委員会・委員
補助機関である職員	← 協議 → 兼ねさせる又は充てることが可 →	事務補助職員、管理に属する機関の職員
	事務に従事させることが可 →	事　務

どれをとっても極めて重要な項目です。いずれも、どちらかが一方的に相手に対して1つの行為を完結するのではなく、相手となる側も何らかの対抗手段を備えている点が特徴です。互いのチェック・アンド・バランスを念頭に置きながら、勉強していきましょう。

・再議制度…議会に対する長の拒否権

❶一般的拒否権（法176条①～③）

事 項	議会の議決に異議があるとき
	その議決日から（条例の制定・改廃又は予算に関する議決はその送付を受けた日から）10日以内に理由を示して
処 置	再議に付すことが **可**
議会の対応	再議に付された議決を議会が再び同じ議決（通常議決＝出席議員の過半数）をしたら、その議決が確定する このうち条例の制定・改廃又は予算に関するものについては、出席議員の2/3以上の同意がなければ**ならない**

❷特別的拒否権

事　項	処　置	議会の対応、長の反駁
法176条④〜⑧ ①議決 ⎱ ②選挙 ⎰が a　議会の権限を超える b　法令・会議規則に違反	➡　理由を示して ①再議に付す ②再選挙を行わせる ことをしなければ **ならない**	再議決・再選挙がなおも a、b であれば、知事なら総務大臣・市町村長なら知事へ 21 日以内に審査の申立てが可 ⬇ 申立てへの裁定に不服なら、議会又は長は裁定日から 60 日以内に出訴が可（長の取消出訴は、議会を被告として提起）
法177条①Ⅰ、② ①法令により負担する経費 ②法律の規定に基づき当該行政庁の職権により命ずる経費 ③その他の普通地方公共団体の義務に属する経費 の議会による削除又は減額の議決	➡　理由を示してその経費及びこれに伴う収入について再議に付さなければ**ならない**	再議に付された議決を議会が再び同様の議決をしたら、長はその経費及びこれに伴う収入を予算計上し、経費を支出することが可 （長の原案執行権）
法177条①Ⅱ、③ ①非常災害による応急・復旧施設のための必要経費 ②感染症予防のための必要経費 の議会による削除又は減額の議決	➡　理由を示してその経費及びこれに伴う収入について再議に付さなければ**ならない**	再議に付された議決を議会が再び同様の議決をしたら、長はその議決を不信任の議決と見なすことが可

▪ 不信任議決と解散 (法 178 条)

議会

①不信任議決
（議員数の 2/3 以上の者が出席し、
その 3/4 以上の者の同意）

②議長が直ちに通知

③' 通知を受けた
日から、10 日
以内に議会を
解散しなけれ
ば、10 日を経
過した日から
失職

③解　散
（通知を受けた日から 10 日以内）

長

解散後初めて招集された議会

④再度の不信任議決
（議員数の 2/3 以上の者が出席し
その過半数の者の同意）

⑤議長が通知

⑥通知があった
日に失職

▪ 長の専決処分

❶法律の規定に基づく専決処分（法179条）

①議会が成立しないとき
②議会の開会が不能なとき
　（定足数の原則の例外規定でも、なお議会が開会できないとき）
③議会の議決すべき事件について、特に緊急を要するため、議会を招集する時間的余裕がないことが明らかであるとき
④議会が議決すべき事件を議決しないとき
　※ただし、副知事又は副市町村長、指定都市の総合区長の選任同意は、専決処分が不可

長が専決処分をしたら

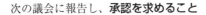

次の議会に報告し、**承認を求めること**

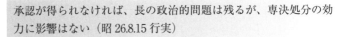

承認が得られなければ、長の政治的問題は残るが、専決処分の効力に影響はない（昭26.8.15行実）

条例の制定・改廃又は予算に関する処置について承認を求める議案が否決された場合

長は速やかに、必要措置を講じるとともに、その旨を議会に報告すること

❷軽易専決処分（法180条）

◦議会の権限に属する軽易な事項で、その議決により特に指定したものについては、長において専決処分が可

◦長が専決処分をしたら ➡ 議会に報告すること（**承認は不要**）

※委任された事項は、長の権限に移り、議会はもはや議決権を有しない

長の仕事を縁の下で支える機関について、詳細な規定がされている分野です。副知事又は副市町村長、会計管理者など、その設置や定数の扱い、職務権限に関する規定が特にマークすべきところです。また、地域自治区についても留意しましょう。

▪副知事 (都道府県)・副市町村長 (市町村)

❶設置及び定数 (法161条) …必置

（ただし、条例で置かないことが可、定数は条例で定める）

❷選　任 (法162条) …長が議会の同意を得て行う

❸任　期 (法163条) …4年

（ただし、任期中でも、長により解職することが可）

❹欠格事由 (法164条) …選挙権又は被選挙権を有しない者が該当

❺退　職 (法165条) …退職しようとする日前20日までに長に申し出ること

（ただし、長の承認を得れば、その期日前に退職することが可）

※長の職務代理の場合は、退職規定も長に準じるが、副知事・副市町村長いずれが代理でも、退職しようとする日前20日までである

❻職　務 (法167条) …長の補佐、政策及び企画、職員の事務の監督

上記のほか、長の権限に属する事務の一部について委任を受け、その事務を執行する（長は、直ちにその旨を告示すること）

▪会計管理者

❶設置及び定数 (法168条①) …1人置く

❷選　任 (法168条②) …長が補助機関である職員のうちから命ずる

❹職　務（法170条①～②）…当該団体の会計事務をつかさどる

①現金の出納・保管　　　⑤現金・財産の記録管理
②小切手の振出し　　　　⑥支出負担行為に関する確認
③有価証券の出納・保管　⑦決算の調製、長への提出
④物品の出納・保管（使用中の物品に係る保管を除く＝長の権限）

❺事務代理（法170条③）

長は、会計管理者に事故がある場合で必要があるときは、補助機関である
職員にその事務を代理させることが可

▪ **出納員・会計職員**

❶設　置（法171条①）…必置

（ただし、町村は出納員を置かないことが可）

❷選　任（法171条②）…長の補助機関である職員の中から長が任命

❸地位等…地方公務員法の定めるところによる

○出納員は、会計管理者の命を受け、現金の出納・保管、小切手の振出
し、物品の出納・保管を行う
（法171条③）
○会計職員は、上司の命を受け、会計事務を行う（法171条③）
○長は、会計管理者をして、その事務の一部を出納員に委任させ、又は、
その出納員をして、その事務の一部を会計職員に委任させることが可
➡この場合、長は、直ちにその旨を告示すること（法171条④）
○長は、会計管理者の権限に属する事務を処理させるため、規則で、必
要な組織を設けることが可（法171条⑤）

▪ その他の職員

❶設置及び定数 (法 172 条①、③) …必置、定数は条例で定める
(ただし、臨時又は非常勤の職は、この限りではない)
❷選 任 (法 172 条②) …長が任命
❸地位等 (法 172 条④) …地方公務員法の定めるところによる

▪ 専門委員

❶設 置 (法 174 条①)
- 常設又は臨時の専門委員を置くことが可
- 附属機関ではない (昭 28.7.1 行実)
- 規則での設置が適当 (昭 28.7.1 行実)

❷選 任 (法 174 条②、④)
- 長が専門の学識経験者の中から選任する非常勤職員
- 議員は、専門委員の職につくことは適当でない (昭 28.7.1 行実)

❸職 務 (法 174 条③)
- 長の委託を受け、権限に属する事務に関し必要な事項を調査する
- 独任制の機関のため、調査委託は個別的に行う (昭 26.9.22 行実)
- 調査のみならず、「諮問に対する答申」なども行える (昭 23.2.26 行実)

▪ 附属機関 (法 138 条の 4 ③、法 202 条の 3)

❶組織等
- 法令又は条例に基づき設置が可
- 委員その他の構成員は、非常勤とする
- 庶務は、法令に特別の定めがある場合を除き、その属する執行機関が行う

❷職 務
- 担任する事項についての調停、審査、審議、調査等

▪ **支庁・地方事務所・支所等（法155条）**

> 長──権限に属する事務を分掌させるため、必要な地に設置が可
> 　├都道府県は、支庁及び地方事務所（道は、支庁出張所を含む）
> 　└市町村は、支所又は出張所
> 　　↓
> 　★位置・名称・所管区域は、条例で定めること
> 　★位置・所管区域の設定又は変更については、住民の利便性、
> 　　他官公署との関係等を適当に考慮すること

> ├都道府県の支庁・地方事務所
> └市町村の支所
> 　の長は、当該団体の長の補助機関で
> 　ある職員をもって充てる（法175条①）

▪ **行政機関（法156条①〜③）**

> 長──法律又は条例の定めにより、保健所、警察署その他の行政機関を設
> 　けるものとする
> 　上記「支庁・地方事務所・支所等」の項の★は、この項の行政機関につ
> 　いても同様である

▪ **国の地方行政機関（法156条④〜⑤）**

> ├設置──国会の承認を経なければ、設けることは不可
> └経費──設置及び運営に要する経費は、国が負担すること
> 　　↓
> 司法行政及び懲戒機関、もっぱら国費をもって行う工事の施行機関等
> については適用しない

▪地域自治区の設置 (法 202 条の 4)

◦ **市町村は、条例で定める区域ごとに設置することが可**

項　目	内　容
設置目的	◦ 市町村長の権限に属する事務を分掌させる ◦ 地域住民の意見を反映しつつ、事務処理をさせる
事務所	◦ 地域自治区に事務所を置く ◦ 位置・名称・所管区域は、条例で定める 　（位置・所管区域を定め又は変更するときは、住民の利便性、他官公署との関係等、適当に考慮すること） ◦ 事務所の長は、当該団体の長の補助機関である職員をもって充てる 　（長の定めるところにより、上司の指揮を受け、主管事務を掌理し、職員を指揮監督する）

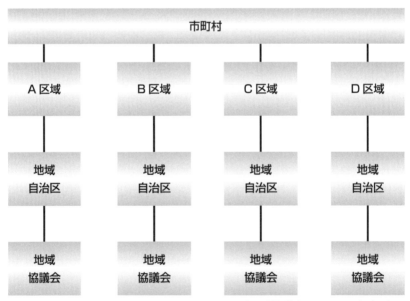

◎地域協議会については次項目参照

■ 地域協議会の設置（法 202 条の 5 〜 8）

・地域自治区に、地域協議会を置く（法 202 条の 5 ①）

項　目	内　容
構成員 （法 202 条の 5 ②〜⑤）	・地域自治区の区域内に住所を有する者のうちから、市町村長が選任する 　　↓ 選任に当たっては、区域内に住所を有する者の多様な意見が適切に反映されるよう配慮すること ・任期は、4 年以内において条例で定める期間 ・報酬を支給しないこととすることが可
会長・副会長 （法 202 条の 6）	・地域協議会に会長・副会長を置く ・選任・解任方法は、条例で定める ・任期は、構成員の任期による ・会長は、協議会の事務を掌理し、協議会を代表する ・副会長は、会長に事故あるとき又は欠けたときは、職務を代理する
権　限 （法 202 条の 7）	①次に掲げる事項のうち、市町村長その他の機関により諮問されたもの又は必要と認めるものについて審議し、当該機関に意見を述べることが可 ア　地域自治区の事務所が所掌する事務 イ　上記アのほか、市町村が処理する地域自治区の区域に係る事務 ウ　市町村の事務処理に当たっての地域自治区の区域内に住所を有する者との連携の強化 ②条例で定める市町村の施策に関する重要事項で、地域自治区の区域に係るものを決定又は変更しようとする場合 ➡市町村長は、あらかじめ地域協議会の意見を聴くこと ③市町村長その他の機関は、上記①と②の意見を勘案し、必要あれば、適切な措置を講じること
組織・運営 （法 202 条の 8）	・自治法で定めるもののほか、地域協議会の組織・運営に関し必要な事項は、条例で定める

委員会・委員の総論的な部分と、選挙管理委員会、監査委員を中心とした設置、定数、職務権限などの個別具体的な規定が特に重要です。また、地教行法による教育長、教育委員会に関する規定からの出題も多いので、こちらも漏れなく理解する必要があります。

- 設　置（法180条の5 ①～④）

  ❶都道府県・市町村ともに必置…教育委員会、選挙管理委員会、人事委員会又は公平委員会、監査委員

  ❷都道府県に必置…公安委員会、労働委員会、収用委員会、海区漁業調整委員会、内水面漁場管理委員会

  ❸市町村に必置…農業委員会、固定資産評価審査委員会

  ※事務局等を定めるに当たっては、長が設ける内部組織と権衡を失しないこと

- 地　位（法180条の5 ⑤）

  ◦委員会の委員又は委員は、法律に特別の定めがあるものを除き、非常勤

- 委員会及び委員の権限に属しない事項（法180条の6）

  ❶普通地方公共団体の予算の調製・執行

  ❷普通地方公共団体の議決事件につき、議案を提出すること

  ❸地方税の賦課徴収、分担金・加入金の徴収、過料を科すこと

  ❹普通地方公共団体の決算を議会の認定に付すこと

- 委員会等の事務委任等（法180条の7）

  委員会又は委員は、その権限に属する事務の一部を、長と協議して、長の補助機関等に委任し、又は補助執行させ、又は専門委員に委託して必要事項を調査させることが可

▪**主要な委員会等制度一覧**

	教育委員会	選挙管理委員会	監査委員
委員数	教育長1人 ＋ 委員4人 （地教行法3条） ※例外あり	4人 （法181条②） [同数の補充員も選任] （法182条②）	◦都道府県・政令で定める市（人口25万以上の市）＝4人 ◦その他の市町村＝2人、ただし条例での定数増が可（法195条②、自治令140条の2）
選任方法	長が議会の同意を得て選任（地教行法4条①～②）	議会における選挙で選任（法182条①）	長が議会の同意を得て選任（法196条①）
資格	①教育長―長の被選挙権を有する者で人格高潔、教育行政に関し識見を有する者 ②委員―長の被選挙権を有する者で、人格高潔、教育・学術・文化に関し識見を有する者 ③委員の定数に1を加えた数の1/2以上が同一政党に属さないこと（地教行法4条①、②、④）	①選挙権を有する者で、人格高潔、政治・選挙に関し公正な識見を有する者（法182条①） ②2人以上が同一政党等に属さないこと（法182条⑤）	①人格高潔、財務管理等行政運営に関し優れた識見を有する者（このうち選任される監査委員数が2人以上の団体は少なくともその数から1を減じた人数以上は、当該団体の常勤職員・短時間勤務職員でなかった者であること） ②議員（都道府県・政令で定める市は2人又は1人、その他の市町村は1人とするが、条例で選任しないことが可） ※所属政党の制限はない（法196条①～⑥、自治令140条の3）
任期	教育長　3年 委員　4年 （地教行法5条①）	4年（法183条）	①識見を有する者のうちから選任される者➡4年 ②議員➡議員の任期による（法197条）
勤務形態	非常勤 （法180条の5⑤）	非常勤 （法180条の5⑤）	①識見を有する者のうちから選任される者➡常勤又は非常勤 ※都道府県・政令で定める市では、少なくとも1人以上を常勤とすること ②議員➡非常勤 （法196条④～⑤）

▪ 選挙管理委員会

❶委員長 (法187条)

委員の中から選挙すること。事故又は欠けたときは、委員長の指定する委員が職務代理する

❷委　員 (法182条③、⑧)

欠員があれば、委員長は補充員の中からこれを補充する
（補充の順序は、①選挙の前後、②得票数、③くじ）

委員又は補充員の選挙を行うべき事由が生じたときは、委員長は直ちに議会・長に通知すること

❸失　職

選挙犯罪により刑に処せられた者は、委員又は補充員になることは不可
（法182条④）

選挙権の喪失 兼業禁止の違反	選挙管理委員会が決定（法184条①） ➡ 不服がある者は、長の規定（64ページ）の準用が可

❹罷　免 (法184条の2)

○ 心身の故障のため職務遂行に堪えないと認めるとき

○ 委員たるに適しない非行があると認めるとき

議会は、議決により委員を罷免することが可
（この場合、議会の常任委員会又は特別委員会で、公聴会を開くこと）

❺退　職 (法185条)

委員長は当該選挙管理委員会の承認、委員は委員長の承認を受けること

❻守秘義務 (法185条の2)

委員は職務上知り得た秘密を漏らしてはならない（退職後も同様）

❼招集・会議・表決 (法188～190条)

委員長が招集する（委員から請求があるときは、招集しなければならない）

定足数は、3人以上の委員の出席（委員の事故又は除斥規定により定足数に達しないときは、補充員を充てる）

表決は、出席委員の過半数で決する（可否同数なら委員長の決するところによる）

❽書記その他の職員 (法191条)

a　都道府県・市　➡　書記長、書記その他の職員を置く

b　町村　➡　書記その他の職員を置く

常勤職員の定数は条例で定める（臨時の職は、この限りではない）

書記長は委員長の命を受け、書記その他の職員は上司の指揮を受け、委員会に関する事務に従事する

。選挙管理委員会には、法的に「事務局」の規定がない

❾規　程（法194条）

委員会に必要な事項は、委員会が定める

❿訴訟代表権（法192条）

委員会の処分又は裁決に係る当該団体を被告とする訴訟は、委員会が当該団体を代表する

▪ **監査委員**

❶代表監査委員（法199条の3）

。識見を有する者のうちから選任される監査委員の1人を充てること

。事故又は欠けたときは、代表監査委員の指定する監査委員が職務代理（監査委員の定数が2人の場合には、他の監査委員が職務を代理）

。代表監査委員又は監査委員の処分又は裁決に係る当該団体を被告とする訴訟は、代表監査委員が当該団体を代表する

❷委　員

委員はそれぞれに独任制の監査機関である

❸罷　免（法197条の2）

。心身の故障のため職務遂行に堪えないと認めるとき

。委員たるに適しない非行があると認めるとき

↳ 長は議会の同意を得て、委員を罷免することが可
（この場合、議会の常任委員会又は特別委員会で、公聴会を開くこと）

❹退　職（法198条）

長の承認を受けること

❺監査委員の監査等（法198条の3）

法の規定により、監査委員が行うこととされている監査、検査、審査その他の行為を「監査等」という

❻監査基準 (法198条の3、198条の4)

監査等の適切かつ有効な実施を図るための基準のこと

監査基準は監査委員が定めるものとし、その策定は監査委員の合議による

監査委員は、監査基準を定めたときは、直ちに、議会、長、関係ある委員会・委員に通知するとともに、これを公表すること（監査基準の変更についても同様）

総務大臣は、普通地方公共団体に対し、監査基準の策定又は変更について、指針を示すとともに、必要な助言を行うこと

❼服　務 (法198条の3)

職務遂行に当たり、法令に特別の定めがある場合を除くほか、監査基準に従い、常に公正不偏の態度を保持して、監査等を行うこと

委員は職務上知り得た秘密を漏らしてはならない（退職後も同様）

❽事務局 (法200条)

a　都道府県　➡　事務局を置く

b　市町村　➡　条例により事務局を置くことが可

事務局に、事務局長、書記その他の職員を置く

事務局を置かない市町村の監査委員の事務を補助させるため、書記その他の職員を置く

常勤職員の定数は条例で定める（臨時の職は、この限りではない）

事務局長は監査委員の命を受け、書記その他の職員は上司の指揮を受け、委員に関する事務に従事する（任免は、代表監査委員が行う）

❾監査専門委員 (法200条の2)

監査委員に常設又は臨時の監査専門委員を置くことが可

専門の学識経験を有する者の中から、代表監査委員が、それ以外の監査委員の意見を聴いて選任する

監査委員の委託を受け、その権限に属する事務に関し必要な事項を調査する

身分は、非常勤とする

❿条例への委任 (法202条)

法令に特別の定めがあるものを除き、監査委員に関し必要な事項は、条例で定める

▪ 監査委員による監査

❶ 当該団体に関する監査

監査の種類	監査の方法
① 財務事務の執行 ② 経営に係る事業の 管理 ┐の監査 （法 199 条①）	①～②ともに、定期監査（年 1 回以上）と臨時監査を実施する
③ 事務の執行の監査 ［上記①～②で定めるもの以外のもの］ （法 199 条②）	必要があるときに実施する （ただし、「監査委員の権限」(24 ページ) に留意のこと）
④ 長の請求による監査 （法 199 条⑥～⑦）	請求事項について監査を実施する
⑤ 事務監査請求による監査（法 75 条）	住民の直接請求に基づき監査を実施する
⑥ 議会の請求による監査（法 98 条②）	請求事項について監査を実施する
⑦ 決算の審査（法 233 条②）	長から審査に付されて実施する
⑧ 現金出納検査（法 235 条の 2 ①）	毎月例日を定めて実施する
⑨ 公金収納又は支払事務の監査 （法 235 条の 2 ②）	必要があるとき又は長の要求があるとき実施する
⑩ 基金の運用状況の審査（法 241 条⑤）	長から審査に付されて実施する
⑪ 住民監査請求による監査（法 242 条）	住民からの請求に基づき監査を実施する
⑫ 職員の賠償責任に係る監査 （法 243 条の 2 の 2 ③）	長から監査に付されて実施する （賠償責任の有無及び賠償額を決定）

❷その他に関する監査

監査の種類		監査の方法
①指定金融機関 ②指定代理金融機関 ③収納代理金融機関など （自治令 168 条の 4）	の公金の収納・支払事務等の監査	①～③の会計管理者の検査について報告を求めることが可
④財政的援助を与えているもの ⑤1/4 以上出資法人 ⑥元金・利子支払を保証しているもの ⑦受益権を有する不動産信託の受託者 ⑧公の施設の管理受託者 ➡ 上記④～⑧の財政的援助等に係る事務執行の監査 （法 199 条⑦、自治令 140 条の 7）		監査委員が必要と認めるとき又は長の要求があるときに実施することが可

❸監査に伴う権限（法 199 条⑧～⑮）

監査委員は、監査に必要なら	①関係人に出頭を求める ②関係人について調査する ③関係人に対し帳簿、書類その他の記録の提出を求める ④学識経験者等から意見を聴く

❹その他に関する監査

項　目	内　容	
報告の決定・提出・公表	◦監査委員は、監査結果の報告を決定し、これを議会、長、関係ある委員会、委員（以下「関係機関」という）に提出・公表すること	
意見提出権	◦監査委員は、監査結果に基づき必要なら、当該団体の組織・運営の合理化のため、結果報告に添えて意見を提出することが可 ◦意見内容は、公表すること	報告・意見・勧告の決定は、監査委員の合議による
勧告権	◦監査委員は、監査結果の報告のうち、関係機関において、特に措置を講じる必要があると認める事項については、その者に対し、理由を付して、必要措置を講じるべきことを勧告することが可 ◦勧告内容は、公表すること	
意見不一致ケースの取扱い	◦監査委員は、各監査委員の意見不一致により報告の決定ができない事項があれば ➡その旨及び各監査委員の意見を、関係機関に提出・公表すること	
関係機関の対応	ア　監査委員から結果報告を受けた関係機関 ➡当該結果に基づき、又は当該結果を参考として措置を講じたときは、措置内容を監査委員に通知すること イ　監査委員から勧告を受けた関係機関 ➡当該勧告に基づき必要措置を講じ、措置内容を監査委員に通知すること ◦上記ア及びイの場合、監査委員は措置内容を公表すること	

14 兼業禁止制度

兼業禁止というと、公職以外の仕事は、一切やってはいけないという誤解をしている人がいます。しかし、実際には、そうではありません。公職に影響を及ぼす、決められた範囲の業ができないということなのです。この点をしっかりと押さえましょう。

地方公共団体

↓ 請負

①請負人　②請負人の支配人

請負をする法人の以下の役職
［※当該団体の 1/2 以上出資法人を除く］（自治令 122、133 条）
③無限責任社員　④取締役　⑤執行役　⑥監査役
⑦上記③〜⑥に準ずべき者　⑧支配人　⑨清算人

兼業禁止

①議員（法 92 条の 2）
※1 議員については、1/2 出資法人を除くとの規定なし
※2 議員については平成 4 年の法改正で、「請負」の定義が定められた。

➡ ・業として行う工事の完成
・作業その他の役務の給付
・物件の納入その他の取引

左記により、当該団体が対価の支払いをすべきもの

※3 ただし、議会の適正な運営を確保する観点から、政令で定める額（年間 300 万円）の範囲内で、個人による地方公共団体に対する請負が可
②長（法 142 条）
③副知事又は副市町村長（法 166 条②）
④委員会の委員又は委員（法 180 条の 5 ⑥）
➡ 委員会の委員又は委員については、「**その職務に関し**」という限定がある
（その職務に関してでなければ、兼業が可能である）

14

[兼業禁止の判定機関]

その職にある者が、兼業禁止の規定に該当するかどうかは、下記の判定機関がこれを決定する

職　名	判定機関
議員 （法 127 条①）	議会
長 （法 143 条①）	選挙管理委員会
副知事又は副市町村長 （法 166 条③）	長
選挙管理委員会の委員 （法 184 条①）	選挙管理委員会
教育委員会の教育長、委員 （法 180 条の 5 ⑦）	長
監査委員 （法 180 条の 5 ⑦）	長

15 兼職禁止制度

兼業禁止と違い、職によって兼ねることができない種類が違うので、やや複雑です。特に、人事委員会の委員に定められた規定など、地方公務員法を知らなければ解けないような「やっかいもの」まであります。また、一部事務組合などの例外規定にも注意しましょう。

地方公共団体の役職	兼職が禁止されている職
議員 （法92条）	国会議員、地方公共団体の議会の議員・常勤職員・短時間勤務職員
長 （法141条）	
副知事又は副市町村長 （法166条①〜②）	国会議員、地方公共団体の議会の議員・常勤職員・短時間勤務職員、検察官、警察官、収税官吏、公安委員会の委員
選挙管理委員会の委員 （法182条⑦、193条）	国会議員、地方公共団体の議会の議員・長、検察官、警察官、収税官吏、公安委員会の委員
監査委員 （法196条③、201条）	国会議員、地方公共団体の常勤職員・短時間勤務職員、検察官、警察官、収税官吏、公安委員会の委員
人事委員会・ 公平委員会の委員 （地公法9条の2⑨）	地方公共団体の議会の議員、当該地方公共団体の地方公務員※
教育委員会の教育長、委員 （地教行法6条）	地方公共団体の議会の議員・長・委員会の委員若しくは委員・常勤職員・短時間勤務職員

※地方公務員法7条4項の規定により、公平委員会の事務処理委託を受けた人事委員会の委員については、他の地方公共団体に公平委員会の事務処理委託をした地方公共団体の地方公務員（附属機関の委員等は除く）を兼ねることも不可

15

［兼職禁止制度の特例］（法287条②、291条の4④）

① 一部事務組合の議会の議員・管理者・理事・その他の職員

② 広域連合の議会の議員・長・理事・その他の職員

対応する番号同士で、**兼職が可**

① 当該一部事務組合を組織する
地方公共団体の議会の議員・長・その他の職員

② 当該広域連合を組織する
地方公共団体の議会の議員・長・その他の職員

16 除斥制度・親族の就職禁止制度（1）

この制度は、会議や職の公正さを保つことを目的としています。参考までに血族関係図を付けておきましたので（97ページ）、念のため確認しておいてください。なるべく簡潔に覚えた方がよいので、頭の中をよく整理しましょう。

• 除斥制度

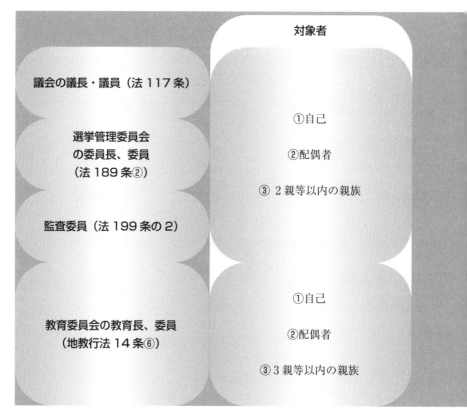

	対象者
議会の議長・議員（法117条）	①自己
選挙管理委員会の委員長、委員（法189条②）	②配偶者
監査委員（法199条の2）	③2親等以内の親族
教育委員会の教育長、委員（地教行法14条⑥）	①自己 ②配偶者 ③3親等以内の親族

[除斥制度の例外]

❶議　員

議会の同意あれば、会議に出席・発言が可（法117条）

議員の資格決定の審議時には、会議に出席し、弁明できるが、決定への参与は不可（法127条②）

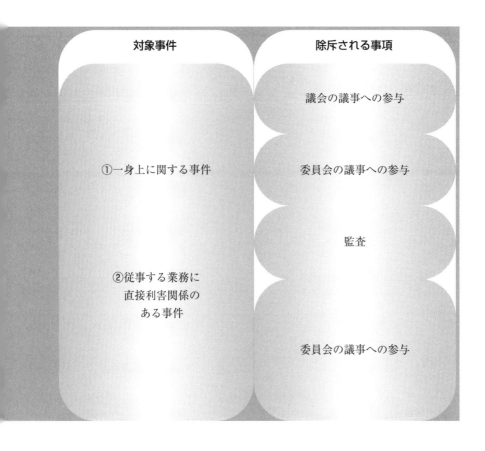

対象事件	除斥される事項
①一身上に関する事件	議会の議事への参与
	委員会の議事への参与
	監査
②従事する業務に直接利害関係のある事件	委員会の議事への参与

❷選挙管理委員会の委員長、委員
❸教育委員会の教育長、委員
➡ 委員会の同意あれば、
会議に出席・発言が可
（法189条②、地教行法14条⑥）

16 除斥制度・親族の就職禁止制度 (2)

- 親族の就職禁止制度 (法169条、198条の2)

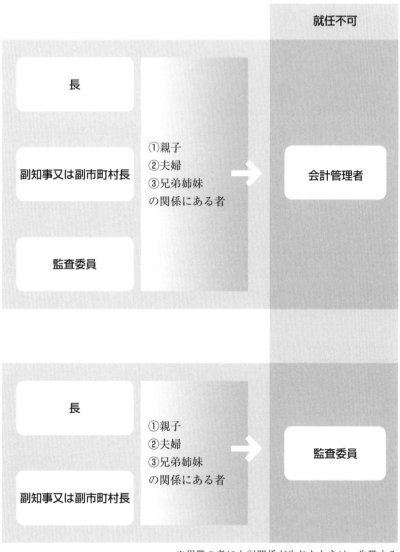

就任不可

長

副知事又は副市町村長

①親子
②夫婦
③兄弟姉妹
の関係にある者

→ 会計管理者

監査委員

長

副知事又は副市町村長

①親子
②夫婦
③兄弟姉妹
の関係にある者

→ 監査委員

※現職の者に上記関係が生じたときは、失職する

[血族関係図]

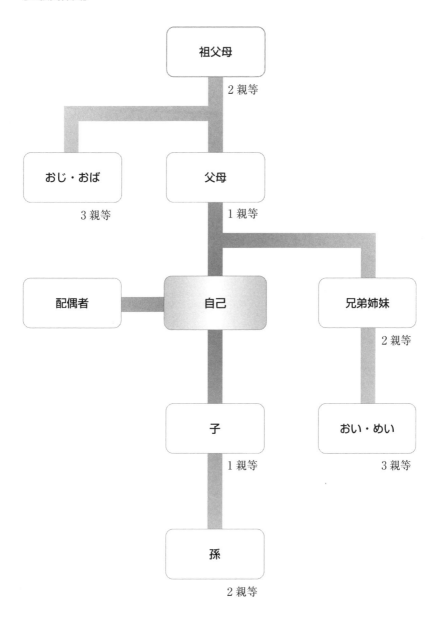

17 給与その他の給付

この項では、皆さんが働くことで得られるお金は、どのような仕組みで支給されるのかがわかります。その根底には、「いかなる給与その他の給付も、法律又はこれに基づく条例に基づかずには支給されない。」という厳格な規定があることを理解しましょう。

- **議員及び非常勤職員 (法203条〜203条の2)**

  ※非常勤職員は、短時間勤務職員と種別②の会計年度任用職員を除く

  会計年度任用制度

  会計年度を超えない範囲で置かれる非常勤の職＝会計年度任用の職
  ➡この職を占める職員を「会計年度任用職員」という

  種　別

  ①会計年度任用の非常勤職で、その1週間当たりの通常勤務時間が常勤職員の1週間当たりの通常勤務時間に比し短時間であるもの

  ②会計年度任用の非常勤職で、その1週間当たりの通常勤務時間が常勤職員の1週間当たりの通常勤務時間と同一時間であるもの

  > ❶は支給しなければならない　❷は受けることが可　❸は支給することが可

  ❶報　酬

  ❷費用弁償

  - 額、支給方法は条例で定めること
  - 議員以外の者に対する報酬は、
    勤務日数に応じて支給する
    （条例に特別の定めある場合を除く）

  ❸期末手当又は勤務手当

  （議員及び会計年度任用職員の種別①には、条例で支給が可）

- **常勤職員、短時間勤務職員、種別②の会計年度任用職員 (法204〜205条)**

  > ❶の（a）、❷は支給しなければならない　❶の（b）は支給することが可
  > ❸は受けることが可

  ❶給　与…（a）給料、（b）諸手当

  - 額、支給方法は条例で定めること

  ❷旅　費

  ❸退職年金・退職一時金 ➡　地方公務員等共済組合法の定めによる

- 給与等の支給制限（法204条の2）

いかなる給与その他の給付　➡

法律又はこれに基づく条例に基づかずに支給することは不可

- 出頭した選挙人その他の関係人等（法207条）

実費弁償　➡　条例により支給すること

- 給与等に対する審査請求（法206条）

長以外の機関がした給与その他の給付に関する処分

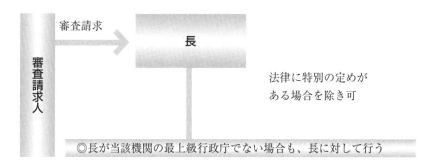

審査請求があった場合の長の対応

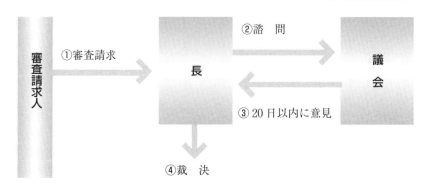

◎長は、請求を不適法とし諮問せず却下したときは、
　その旨を議会に報告すること

18 財 務 (1)

関係する法令の条文も多く、しかも非常に細かいので、不得手になる人が後を絶たない分野です。そこで本書では、条文の順序にこだわらず、関連するものをまとめて、少しでも理解しやすいよう試みています。最低限、これだけは押さえてください。

- ▪ 会計及び予算

  ### ❶会計年度独立の原則（法208条）
  毎年4月1日～翌年3月31日で、各会計年度の歳出は、その年度の歳入をもって充てること

  ### ❷会計の区分（法209条）
  ● 一般会計
  ● 特別会計（下記の場合に、条例で設置することができる）

  特定の事業を行う場合、その他特定の歳入をもって特定の歳出に充て、一般の歳入歳出と区分して経理する必要があるもの

  ### ❸総計予算主義の原則（法210条）
  会計年度における一切の収入・支出は、全て歳入歳出予算に編入すること

  ### ❹予算の事前議決の原則（法211条①）
  長は毎会計年度、予算を調製し、下記の通り年度開始前の日までに議会に提出すること

  ①都道府県・指定都市 ➡ 年度開始前30日
  ②①以外の市町村 ➡ 年度開始前20日

  ※長は、予算を議会に提出するときは、予算に関する説明書を併せて提出すること（法211条②）

  ⎿➤ 予算は、年度開始前に、議会の議決を経ること

  ### ❺予算の送付、公表（法219条）
  議長は予算を定める議決があったときは、3日以内に長に送付すること
  ➡ 長は再議その他の措置が不要なら、直ちに要領を住民に公表すること

❻予算の内容（法215条）…下記の①〜⑦に掲げる事項から成る

①歳入歳出予算（法216条）
- 歳入は性質に従って款・項、歳出は目的に従って款・項に区分する

②継続費（法212条）
- 履行に数年度を要するものにつき、予算の定めにより経費の総額・年割額を定め、数年度にわたり支出することが可

③繰越明許費（法213条）
- 経費の性質上又は予算成立後の事由により、年度内にその支出を終わらない見込みのあるもの
  - ➡ 予算の定めにより翌年度に繰越して使用することが可

④債務負担行為（法214条）
- 歳出予算の金額、継続費の総額、繰越明許費の金額の範囲内のものを除き、債務負担行為をするには、予算で定めておくこと

⑤地方債（法230条）
- 別に法律（地方財政法）で定める場合、予算の定めにより起債が可

⑥一時借入金（法235条の3）
- 長は歳出予算内の支出をするため、借入れをすることが可
  - ➡ 借入れ最高額は予算で定め、償還はその会計年度の歳入をもって充てる

⑦歳出予算の各項の経費の金額の流用（法220条②）
- 予算執行上必要な場合に限り、予算の定めにより流用することが可

❼予備費（法217条）
予算外の支出又は予算超過の支出に充てるため、歳入歳出予算に計上すること（ただし、特別会計は、予備費を計上しないことが可）
- ➡ 予備費は、議会の否決した費途に充てることは不可

❽予算の特例（法218条）

①補正予算…予算調製後に生じた事由により、既定の予算を変更する必要があるときに調製

②暫定予算…必要に応じて、一定期間に係り調製 ➡ 本予算成立時に失効

③事業経営の経費

　◦特別会計のうち、事業経費を主としてその経営に伴う収入をもって充てるもので条例で、定めるもの

➡　長は業務量の増加で経費不足となった場合、増加分収入を当該経費に使用できる（特別会計の弾力条項）

次の議会でその旨報告すること

◎ただし、職員の給料に使用することは不可

❾予算の執行（法220条①）

長が手続を定め、行うこと

❿事故繰越し（法220条③）

年度中に支出負担行為をし、避けがたい事故のため年度内に支出を終わらなかったものは、翌年度に経費の繰越し使用が可

⓫予算を伴う条例・規則等についての制限（法222条）

条例その他の議決事件が新たに予算を伴う場合

➡　長は必要な予算上の措置が適確に講ぜられる見込みが得られるまでの間は、議会への提出は不可

規則その他の規程の制定又は改正が新たに予算を伴う場合

➡　長・委員会・委員等は、必要な予算上の措置が適確に講ぜられることとなるまでの間は、制定又は改正は不可

⓬財政状況の公表等（法243条の3）

長は、

①条例により、毎年2回以上、歳入歳出予算の執行状況、財産、地方債、一時借入金の現在高その他財政に関する事項を住民に公表すること

②普通地方公共団体の出資法人について、毎事業年度、経営状況説明書類を作成し、次の議会に提出すること

③信託について、信託契約で定める計算期ごとに、事務の処理状況説明書類を作成し、次の議会に提出すること

- 収　入

　●普通地方公共団体が賦課徴収できる収入

種　類	徴収等の定め	内　容	罰　則
地方税 (法223条)	地税法	住民より賦課徴収	①申告漏れ ②虚偽申告 ③徴収又は納付の怠り ④納入金の納付をしない 　①〜④の扇動 ➡　3年以下の懲役又は20万円以下の罰金 （地税法21条①）
分担金 (法224条)	条例	特定事件の経費に充てるため、その受益者から受益の限度において徴収することが可（※1）	①詐欺その他不正行為により徴収を免れた者 ➡　免れた金額の5倍相当額以下の過料を科する規定を設けることが可（当該5倍に相当する金額が5万円を超えないときは、5万円） ②その他5万円以下の過料を科する規定を設けることが可 （法228条②〜③）
使用料 (法225〜226条)	条例	①行政財産の目的外使用 ②公の施設の利用 ③旧慣による公有財産使用について徴収が可	
加入金 (法226条)	条例	旧慣による公有財産の使用を新たに認められた者から徴収が可	
手数料 (法227条)	条例	特定の者のためにする事務について徴収が可（※2）	
地方債 (法230条)	地財法	予算の定めにより、起債が可（起債の目的、限度額、起債の方法、利率、償還方法は、予算で定めること）	

※1　下記の場合、同一事件に関し、分担金の徴収は不可（自治令153条）
　　①不均一の課税、②普通地方公共団体の一部に課税、③水利地益税の課税、
　　④共同施設税の課税
※2　標準事務のうち政令で定めるものについて、手数料を徴収する場合には、
　　政令で定める金額を標準として条例で定める（法228条①）
　　（標準事務…全国的に統一して定めることが特に必要として政令で定める事務）

❷分担金等の徴収処分に関する審査請求（法229条）

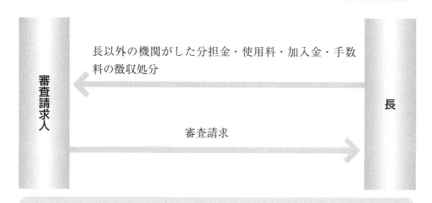

長以外の機関がした分担金・使用料・加入金・手数料の徴収処分

審査請求人 ← 長

審査請求 → 長

※長が当該機関の最上級行政庁でない場合においても、当該長に対して行う

審査請求があった場合の長の対応

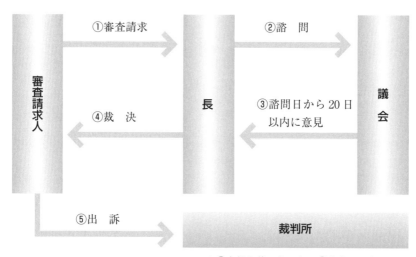

①審査請求

②諮　問

④裁　決

③諮問日から20日以内に意見

⑤出　訴　　裁判所

※④を経た後でないと、⑤をすることは不可

◎長は、請求が不適法であるとし諮問せず却下したときは、
その旨を議会に報告すること

❸収入の方法と手続

> 長が歳入の調定をし、納入義務者に対し納入の通知をすること（法231条）

現金以外の証紙等による収入の方法は、下記のとおり

種　類	内　容
証　紙 （法231条の2①〜②）	①使用料又は手数料の徴収について、条例の定めにより納付が可 ②証紙の売りさばき代金をもって歳入とする
口座振替 （法231条の2③、 自治令155条）	当該普通地方公共団体が指定金融機関等の金融機関を設けている場合、納入義務者は、当該金融機関に口座を設けていれば、当該金融機関に請求して、納付が可
証　券 （法231条の2③〜④、 自治令156条）	当該普通地方公共団体が指定金融機関等を設けているときは、特定の小切手・郵便為替・国債・地方債による納付が可 ➡ 納付された証券を有効期間内等に提示し、支払請求したが、支払の拒絶があったとき当該歳入は、初めから納付なしと見なす
証券の納付の委託 （法231条の2⑤、 自治令157条）	指定金融機関等を指定していない市町村においては、納入義務者から証券の提供を受け、その証券の取立て及び取立てた金銭による納付の委託が可

18 財 務 (4)

❹指定納付受託者 (法 231 条の 2 の 2 ~ 243 条の 2 の 7)

| 長 | 指定することが可 | 指定納付受託者 | 納付事務を適切かつ確実に遂行できる者として政令で定める者のうち、長が指定する者 |

※ 納付事務……歳入等 (歳入歳出外現金を含む) の納付に関する事務

- 歳入等を納付しようとする者は、次の各号のいずれかに該当するときは、指定納付受託者に納付の委託が可

  ア 歳入等の納付の通知に係る書面で総務省令で定めるもの に 基づき納付しようとするとき

  イ 電子情報処理組織を使用して行う指定納付受託者に対する通知で、総務省令で定めるものに基づき納付しようとするとき

- 指定納付受託者は、総務省令の定めにより、歳入等を納付しようとする者の委託を受け、納付事務を行うことが可

①長に関する規定

- 指定したときは、指定受託納付者の名称、住所又は事務所の所在地、その他総務省令で定める事項を告示すること
- 指定納付受託者から変更届があれば、その事項を告示すること
- 指定納付受託者の帳簿保存等の義務や、法規定を施行するため必要なら、その必要な限度で、指定納付受託者に報告させることが可

  必要な限度で、職員に事務所に、立ち入り、帳簿書類その他必要な物件を検査させ、又は関係者に質問させることが可 } 犯罪捜査のために認められたものと解してはならない

  職員は、身分を示す証明書を携帯し、関係者から請求があるときは、これを提示すること

  指定納付受託者が次の各号いずれかに該当するときは、総務省令の定めにより、指定を取り消すことが可

  ア 政令で定める者に該当しなくなったとき

  イ 上記の報告をせず、又は虚偽の報告をしたとき

  ウ 帳簿を備え付けず、記載せず若しくは虚偽の記載をし、又は帳簿を保存しなかったとき

  エ 立入り若しくは検査を拒み、妨げ、忌避又は質問に対して 陳述せず、若しくは虚偽の陳述をしたとき

  ➡ 指定を取り消したときは、その旨を告示すること

②指定納付受託者に関する規定

- 名称、住所又は事務所の所在地を変更しようとするときは、あらかじめ長に届け出ること
- 委託を受けた納付事務の一部について、政令で定める者に委託が可
- 委託を受けたときは、地方公共団体が指定する日までに 歳入等を納付すること

   ➡ 指定日までに納付したときは、委託を受けた日に納付されたものと見なす

- 委託を受けたときは、遅滞なく、総務省令の定めにより、その旨及び委託を受けた年月日を長に報告すること
- 総務省令の定めにより、帳簿を備え付け、これに納付事務に 関する事項を記載し、これを保存すること

❺私人の公金取扱いの制限（法243条）

法令に特別の定めがある場合又は⑤の場合を除き、公金の徴収・収納・支出の権限を私人に委任し、又は私人をして行わせることは不可

私人が公金取扱いをできる例（自治令158条、158条の2、165条の3）

①使用料
②手数料
③賃貸料
④物品売払代金
⑤寄附金
⑥貸付金の元利償還金
⑦上記①、②に掲げる
   歳入に係る延滞金
   並びに③～⑥に掲げる
   歳入に係る延滞損害金

   ➡ 徴収又は収納事務の委託

⑧地方税 ➡ 収納事務の委託

⑨資金前渡が可能な経費等 ➡ 必要資金を交付して支出事務を委託

18 財　務 (5)

❻指定公金事務取扱者 (法243条の2〜243条の2の3)

| 長 | 公金事務を委託することが可 | → | 指定公金事務受託者 | → | 公金事務を適切かつ確実に遂行できる者として政令に定める者のうち、長が指定者する者 |

※　公金事務……公金の徴収・収納・支出に関する事務

①長に関する規定

- 委託したときは、指定公金事務取扱者の名称、住所又は事務所の所在地、指定公金事務取扱者に委託した公金事務に係る歳入等又は歳出、その他総務省令で定める事項を告示すること
- 指定公金取扱者から変更届があれば、その事項を告示すること
- 指定公金事務取扱者の帳簿保存等の義務や、❻〜❽を施行するため必要なら、その必要な限度で、指定公金事務取扱者に報告させることが可

必要な限度で、職員に事務所に、立ち入り、帳簿書類その他必要な物件を検査させ、又は関係者に質問させることが可 ｝ 犯罪捜査のために認められたものと解してはならない

職員は、身分を示す証明書を携帯し、関係者から請求があるときは、これを提示すること

指定納付受託者が次の各号いずれかに該当するときは、総務省令の定めにより、指定を取り消すことが可

ア　政令で定める者に該当しなくなったとき
イ　帳簿を備え付けず、記載せず若しくは虚偽の記載をし、又は帳簿を保存しなかったとき
ウ　上記の報告をせず、又は虚偽の報告をしたとき
エ　立入り若しくは検査を拒み、妨げ、忌避又は質問に対して陳述せず、若しくは虚偽の陳述をしたとき
➡　指定を取り消したときは、その旨を告示すること

②指定公金事務取扱者に関する規定

- 名称、住所又は事務所の所在地を変更しようとするときは、あらかじめ長に届け出ること

○ 委託を受けた公金事務の一部について、あらかじめ長の承認を受け、政令で定める者に委託が可

→ これにより委託を受けた者は、指定公金事務取扱者の許諾を受けた場合で、政令に定める者に対してするときに限り、その一部を再委託することが可（指定公金事務取扱者は、あらかじめ再委託について、長の承認を受けること）

→ 再委託を受けた者は、当該公金事務の一部の委託を受けた者と見なして、上記の規定を適用する

○ 総務省令の定めにより、帳簿を備え付け、これに公金事務に関する事項を記載し、これを保存すること

③会計管理者に関する規定

○ 指定公金事務取扱者について、定期及び臨時に、公金事務の状況を検査すること

→ 検査したときは、その結果に基づき、指定公金事務取扱者に対して、必要な措置を講ずべきことを求めることが可

④監査委員に関する規定

○ 会計管理者が行う検査について、会計管理者に対し、報告を求めることが可

❼公金の徴収の委託（法243条の2の4）

○ 長が徴収事務を委託できる歳入は、他法又はこれに基づく政令に特別の定めがあるものを除くほか、政令で定める

○ 指定公金事務取扱者は、現金の納付その他総務省令で定める方法により、納入義務者から、歳入の納付を受けるものとする

→ 納入義務は、納入義務者が指定公金事務取扱者に納付したときに履行されたものとする

○ 指定公金事務取扱者は、政令の定めにより、徴収した歳入を地方公共団体に払い込むこと

❽公金の収納の委託 (法243条の2の5)

- 長が収納事務を委託できる歳入等は、次の各号のいずれかにも該当するものとして長が定めるものとする
  - ア 指定公金事務取扱者が収納することにより、その収入の確保及び住民の便益の増進に寄与すると認められるもの
  - イ その性質上、その収納に関する事務を委託することが適当でないものとして、総務省令で定めるもの以外のもの
- 徴収事務の委託を受けた指定公金事務取扱者は、納入の通知に基づかなければ、歳入等の収納をすることが不可

❾公金の支出の委託 (法243条の2の6)

- 長が支出事務を委託できる歳出は、他法又はこれに基づく政令に特別の定めがあるものを除くほか、政令で定める
- 長は支出事務の委託を受けた指定公金事務取扱者に対し、支出に必要な資金を交付するものとする
- 指定公金事務取扱者は、地方公共団体の規則で定めるところにより、その支出の結果を、会計管理者に報告すること

❿督促・滞納処分等 (法231条の3)

長は、歳入を納期限までに納入しない者があれば、期限を指定して 督促 すること

条例の定めにより、手数料・延滞金の徴収が可
（歳入・手数料・延滞金の還付、徴収金の徴収、還付に関する書類の送達、公示送達＝地方税の例による）

さらに未納なら、地方税の滞納処分の例による処分が可
（徴収金の先取特権は、国税・地方税に次ぐ）

地方税の滞納処分の例による処分
➡ 当該普通地方公共団体の区域外においても可

審査請求については、3か月以内（地税法19条の4準用）

差押物件の公売 ➡ 処分が確定するまで執行停止

▪支　出

❶経費の支弁（法232条）

普通地方公共団体は、下記の経費を支弁する

①当該団体の事務処理をするために必要な経費

②その他法令により当該団体の負担に属する経費

❷寄附・補助（法232条の2）

普通地方公共団体は、公益上必要なら行うことが可

❸支出負担行為（法232条の3）

普通地方公共団体の支出の原因となるべき契約その他の行為

→ 法令・予算の定めに従うこと

❹支出の原則（法232条の4）

会計管理者は

①長の命令を受けること

②支出負担行為が法令・予算に違反していないこと

③債務が確定していること

→ ①〜③を確認した上でなければ支出が不可

❺支出の特例（法232条の5、自治令161〜165条の2）

ア　**資金前渡**…債権金額が確定し、債権者が未確定又はどちらも未確定の場合、職員に概括的に資金を交付して、現金払いさせる方法

イ　**概算払**…債権金額確定前に概算で支出し、確定後に清算する方法

ウ　**前金払**…金額の確定した債務について、相手の義務履行前又は給付すべき時期の到来前に支出する方法

エ　**繰替払**…税の報奨金などそれぞれの歳入金から一時繰り替えて使用する支出方法

オ　**隔地払**…指定金融機関制度採用団体が、隔地の債権者に送金で支払う方法

カ　**口座振替**…長が定める指定金融機関等に預金口座を設けている債権者からの申出により、その口座に振替支出する方法

❻指定金融機関（法235条、自治令168条）

議会の議決を経て、一の金融機関を指定して公金の収納又は支払事務を取り扱わせる（都道府県は義務、市町村は任意）

❼支出の方法［指定金融機関制度採用団体］（法232条の6）

現金の交付に代えて、	①金融機関を支払人とする小切手の振出しをする ②金融機関に公金振替書を交付をする

小切手を振り出すべき場合、債権者からの申出あれば、

会計管理者は、	①自ら現金で小口の支払いが可 ②金融機関に現金払いが可

小切手の提示を受けた金融機関は、それが振出日付から10日以上経過していても、1年を経過していなければ、その支払いをすること

・**決 算**

決算の手続（法233条、235条の5）

会計管理者	毎会計年度、決算を調製し、出納閉鎖（5/31）後3か月以内に長に提出する
長	会計管理者から提出された決算を、監査委員の審査に付す
監査委員	意見を決定（合議）して長に送る
長	決算及び必要書類を、監査委員の意見を付けて、次の通常予算を議する会議までに、議会の認定に付す
議会	議決
長	決算の要領を住民に公表
	決算認定の議案が否決された場合、これを踏まえ必要措置を講じたときは、速やかに措置内容を議会に報告し、公表すること

歳計剰余金の処分（法233条の2）

各会計年度において、決算上剰余金を生じたとき

　①翌年度の歳入に編入

　②条例又は議決により、剰余金の全部又は一部を翌年度に繰り越さず、基金に編入

　　　◎原則として①であるが、条例又は議決により②も可

▪現金及び有価証券（法235条の4）

保　管

歳計現金は、政令の定めにより最も確実かつ有利な方法により保管すること

普通地方公共団体の所有に属さない現金（歳入歳出外現金）、有価証券は、法律又は政令の規定によらねば保管不可　➡　条例では不可

歳入歳出外現金の保管には、利子を付さない

▪時　効

金銭債権の消滅時効（法236条）

普通地方公共団体の金銭債権又は普通地方公共団体に対する金銭債権

①行使することができる時から
　５年間行使しないと消滅
②時効の利益の放棄は不可
③時効の援用を要せず

他の法律に定めがあるもの又は法律に特別の定めがある場合を除く

　　（時効により利益を受ける意思表示をすること）

④適用すべき法律の規定がないときは、民法の規定を準用する

普通地方公共団体がする納入の通知・督促は、時効の更新の効力を有する

18 財 務 (8)

- 契 約

❶契約の締結 (法234条)

契約書又は契約内容を記録した電磁的記録の作成は、長又はその委任を
受けた者が、契約の相手方とともに記名押印又は必要措置を実施

⟶ 契約確定 (法234条⑤)

❷契約の種類 (法234条)

◎**競争入札**…契約目的に応じ、予定価格の制限範囲内で、原則として
最高又は最低の価格で申込みをした者を契約の相手方とする (入札
保証金を納付させた場合、落札者が契約を締結しなければ、その入
札保証金は当該団体に帰属する)

①一般競争入札=地方公共団体の原則的契約である

∘ 契約に関する公告を行い、不特定多数の参加を求め、その地方公共
団体に最も有利な価格で申込みをした者と締結するもの

②指名競争入札 (自治令167条)

∘ 契約履行能力等に信用のおける特定複数の者を競わせて、最も有利
な価格で申込みをした者と締結するもの

∘ 次の場合に採用できる

a 契約の性質又は目的が一般競争入札に適さないとき
b 競争に加わるべき者の数が少数であるとき
c 一般競争入札に付すことが不利と認められるとき

∘ 劣悪な業者を排除しやすいが、業者同士が談合するおそれもある

③随意契約（自治令167条の2）

- 競争入札を行わずに、地方公共団体が適当と認める相手を選定して契約を締結

- 手続が簡単で、信用できる業者を選べる反面、価格が不適正になりがち

- 次の場合に採用できる

　a　予定価格が規則で定める額を超えないとき
　b　契約の性質又は目的が競争入札に適しないとき
　c　障害者支援施設、地域活動支援センター、障害福祉サービス事業を行う施設等で製作する物品の買入れ、シルバー人材センター等からの役務の提供、現に児童を扶養している配偶者のない母子及び寡婦を主として使用する母子・父子福祉団体からの役務の提供を受ける契約をするとき（以上の施設等に準ずる者として、総務省令での定めにより長の認定を受けた者も含む）
　d　新商品の生産により新たな事業分野の開拓を図る者として長の認定を受けた者の当該物品を、規則で定める手続により、買い入れる契約をするとき
　e　緊急の必要により競争入札に付すことができないとき
　f　競争入札に付すことが不利と認められるとき
　g　時価に比して著しく有利な価格で契約を締結できる見込みのあるとき
　h　競争入札で入札者がないとき、又は再度の入札で落札者がないとき
　i　落札者が契約を締結しないとき

④せり売り（自治令167条の3）

- 買受希望者の口頭による価格競争の方法で、動産の売払いのうち、この方法が適しているものについて行うことが可

❸契約の履行の確保（法234条の2）

> 工事、製造その他の請負契約又は物件買入その他の契約を締結した場合
> > 職員は監督・検査をすること

> 契約の相手方に契約保証金を納付させた場合
> > 相手方が契約上の義務不履行なら、
> > 契約保証金は当該団体に帰属する
> > （損害賠償、違約金について、契約で別段の定めをしたときは、
> > その定めによる）

❹長期継続契約（法234条の3）

> 翌年度以降にわたる契約可（電気・ガス・水の供給、電気通信、不動産
> 契約等）

> 各年度におけるこれらの経費の予算の範囲内で、給付を受けること

❺一般競争入札に関する細目

①参加資格（自治令167条の4①）

> 普通地方公共団体は、特別の理由がある場合を除き、以下の該当者
> を一般競争入札に参加させることは不可

> ア　当該入札に係る契約を締結する能力を有しない者
> イ　破産手続開始の決定を受けて復権を得ない者
> ウ　「暴力団員による不当な行為の防止等に関する法律」32条
> 　　1項各号に掲げる者
>
> > a　指定暴力団員
> > b　指定暴力団員と生計を一にする配偶者
> > c　法人その他の団体であって、指定暴力団員がその役員
> > 　　となっているもの
> > d　指定暴力団員が出資、融資、取引その他の関係を通じ
> > 　　て、その事業活動に支配的な影響力を有する者

②参加制限（自治令 167 条の 4 ②）

普通地方公共団体は、以下の該当者を、3 年以内の期間を定め、一般競争入札に参加させないことが可

※その該当者を、代理人、支配人その他の使用人又は入札代理人として使用する者についても同様とする

a　契約の履行に当たり、故意に工事、製造その他の役務を粗雑に行い、又は物件の品質若しくは数量に関して不正行為をしたとき

b　競争入札又はせり売りにおいて、その公正な執行を妨げたとき、又は公正な価格の成立を害し、若しくは不正利益を得るために連合したとき

c　落札者の契約締結又は契約者の契約履行を妨げたとき

d　監督又は検査の実施に当たり、職員の職務を妨げたとき

e　正当な理由なく契約を履行しなかったとき

f　契約により、契約後に代価を確定する場合において、当該代価の請求を故意に虚偽の事実に基づき過大な額で行ったとき

g　一般競争入札に参加できない者を、契約の締結又は履行に当たり代理人、支配人その他使用人として使用したとき

19　財　産 (1)

この項は、財産の種類別に、その内容を挙げています。昇任試験で特に中心になるのが、公有財産です。ここでは、普通財産と行政財産の区分、それぞれの管理・処分に関する規定など細かい知識が要求されます。また、基金の取扱いにも気を付けましょう。

▪ **財産の管理・処分（法237条②）**
　◦ 普通地方公共団体の財産は、条例又は議会の議決によらなければ、交換・出資目的化・支払手段化・適正な対価なき譲渡・適正な対価なき貸付は不可

▪ **財産の区分…以下の①〜④である（法237条①）**

①公有財産（法238条）…次に掲げるもの（基金に属するものを除く）

a	不動産
b	船舶、浮標、浮桟橋、浮ドック、航空機
c	a、bに掲げる不動産及び動産の従物
d	地上権、地役権、鉱業権その他これらに準ずる権利
e	特許権、著作権、商標権、実用新案権その他これらに準ずる権利
f	株式、社債、地方債、国債その他これらに準ずる権利
g	出資による権利
h	財産の信託の受益権

　◦ 普通財産…行政財産以外の一切の公有財産
　◦ 行政財産…地方公共団体において、公用又は公共用に供し、又は供することと決定した財産

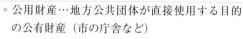

　◦ 公用財産…地方公共団体が直接使用する目的の公有財産（市の庁舎など）
　◦ 公共用財産…住民の利用に供することを目的とする公有財産（道路、学校など）

②物品（法239条①）…次に掲げるもの

a 普通地方公共団体の所有に属する動産
（ただし、現金・公有財産に属するもの・基金に属するものを除く）
b 普通地方公共団体が使用のために保管する動産

③債権（法240条①）…金銭給付を目的とする地方公共団体の権利

④基金（法241条①）…地方公共団体が特定の目的のために設けるもの

a 財産を維持し、又は資金を積み立てる基金
b 定額の資金を運用するための基金

▪ 公有財産

❶職員の行為の制限（法238条の3）

公有財産の事務に従事する職員は、その取扱いに係る公有財産を譲り受け又は自己の所有物と交換することは不可（違反行為は、無効）

❷公有財産の処分（法237条、238条の4〜5）

種類	行政財産	普通財産
貸付	（例外あり）	可 ただし、条例又は議決によらねば、交換・出資目的化・支払手段化・適正な対価なき譲渡・適正な対価なき貸付は不可（信託は、特定目的の場合のみ可）
交換		
売払い		
譲与	不可	
出資目的		
私権設定	（例外あり）	
信託		

19 財　産 (2)

行政財産（法238条の4）

①目的外使用の許可…本来の目的又は用途を妨げない限度にて可
（借地借家法の適用はなし）

②次に掲げる場合には、その用途又は目的を妨げない限度において、
貸付又は私権設定が可

- ア　当該団体以外の者が行政財産である土地の上に堅固な建物等を
所有し、所有しようとする場合、その者に当該土地を貸し付け
るとき

- イ　普通地方公共団体が国、他の地方公共団体又は政令で定める法
人と行政財産である土地の上に一棟の建物を区分して所有する
ため、その者に当該土地を貸し付けるとき
　　※貸付を受けた者が一棟の建物の一部（特定施設）を当該団体
　　　以外の者に譲渡しようとするとき
　　　➡　当該譲り受けようとする者に当該土地の貸付が可

- ウ　普通地方公共団体が行政財産である土地及びその隣接地上に、
当該団体以外の者と一棟の建物を区分して所有するため、その
者に当該土地を貸し付けるとき

- エ　行政財産のうち庁舎等について、その床面積又は敷地に余裕が
ある場合に、当該団体以外の者に、その部分を貸し付けるとき

- オ　行政財産である土地を国、他の地方公共団体又は政令で定める
法人の経営する鉄道、道路等の施設の用に供する場合、その者
のために当該土地に地上権を設定するとき

- カ　行政財産である土地を国、他の地方公共団体又は政令で定める
法人の使用する電線路等の施設の用に供する場合、その者のた
めに当該土地に地役権を設定するとき

	①の契約解除	①の損失補償	②の契約解除	②の損失補償
☆公用又は公共用に供する必要を生じた場合	可	要すると解される	可	借受人は、請求することが可
★許可条件の違反があった場合	可	不要と解される	可	不要と解される

普通財産（法238条の5、自治令169条の6）

①土地

当該団体を受益者として、<u>下記目的</u>により信託することが可

↓

> 信託の目的＝ア　信託された土地に建物を建設し、又は土地を造成し、かつ当該土地の管理又は処分を行うこと
> イ　上記アの目的で信託された土地の信託期間終了後に、当該土地の管理又は処分を行うこと
> ウ　信託された土地の処分を行うこと

信託は　➡　議決によるとき
又は
下記②の適用があるとき　　　　➡この場合のみ可

②国債等

当該団体を受益者として、指定金融機関その他の確実な金融機関に貸し付ける方法（その価額に相当する担保の提供を受ける）により運用することを目的とする場合に限り、信託することが可

（契約解除、損失補償は、行政財産の②と同じ）

❸旧慣による公有財産の使用（法238条の6）…市町村のみ対象

①旧慣により特に権利を有する者があれば、その旧慣による

②旧慣の変更・廃止は、市町村議会の議決による

③旧慣の公有財産を新たに使用しようとする者があれば、市町村長は議決を経て許可することが可

❹審査請求（法 238 条の 7）

☆長以外の機関がした行政財産を使用する権利に関する処分

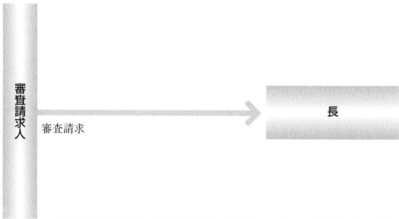

◎長が当該機関の最上級行政庁でない場合においても、当該長に対して行う

☆審査請求があった場合の長の対応

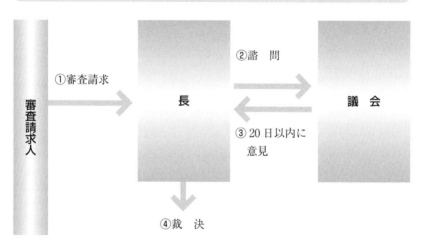

◎長は、請求を不適法とし諮問せず却下したときは、
　その旨を議会に報告すること

▪ **物 品**

❶職員の行為の制限（法239条②〜③）

　物品事務に従事する職員は、その取扱いに係る物品を譲り受けることは不可（違反行為は、無効）

※上記物品には、該当しないもの	①証紙その他価格が法令の規定により一定している物品 ②売払いを目的とする物品又は不用の決定をした物品で長の指定するもの （自治令170条の2）

❷政令への委任（法239条④〜⑤）

①自治法で定めるもののほか、物品の管理及び処分に関し必要な事項

②普通地方公共団体の所有に属しない動産で、当該団体が保管するもの（使用のために保管するものを除く）のうち政令で定めるもの
＝占有動産　➡　管理に関し必要な事項

▪ **債 権（法240条）**

① 長…債権について、政令の定めにより、右記の必要な措置をとる	a 督促 b 強制執行 c その他当該債権の保全 d 取立て
② 長…債権について、政令の定めにより、右記が可	a 徴収停止 b 履行期限の延長 c 当該債権に係る債務の免除
③ 上記①〜②の規定は右記には不適用	a 地方税法の規定に基づく徴収金に係る債権 b 過料に係る債権 c 証券に化体されている債権等 d 電子記録債権 e 預金に係る債権 f 歳入歳出外現金となるべき金銭債権 g 寄附金に係る債権 h 基金に属する債権

19 財　産 (4)

- 基　金 (法 241 条)

❶財産を維持し、又は資金を積み立てる基金

❷定額の資金を運用するための基金

a	条例によって設置することができる
b	条例で定める特定の目的に応じ、確実かつ効率的に運用すること
c	財産を取得し、又は資金を積み立てる基金を設けた場合 ↓ 当該目的のためでなければ、処分することができない
d	基金の運用から生ずる収益及び基金の管理に要する経費は、それぞれ毎会計年度の歳入歳出予算に計上すること
e	定額の資金を運用するための基金を設けた場合

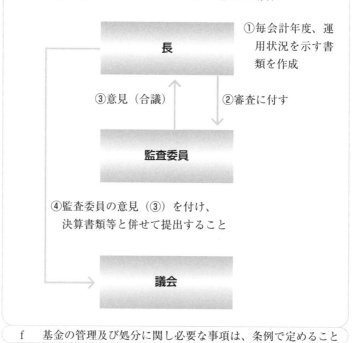

f	基金の管理及び処分に関し必要な事項は、条例で定めること

住民監査請求（1）

住民が行使できる大きな権利の１つです。直接請求である事務の監査請求と違い、財務に関する監査請求という点に特徴があります。この制度では、やはり、キーパーソンは監査委員です。その動きに注視しつつ、流れを理解してください。

▪ **請求の対象（法 242 条①）**

対象者	行為の性格	行為の内容	
①長	違法 若しくは 不当	①公金の支出	
②委員会		②財産の取得・管理・処分	相当な確実をもって予測される場合を含む
③委員		③契約の締結・履行	
④職員		④債務その他の義務の負担	
		⑤公金の賦課・徴収	を怠る事実
		⑥財産の管理	

▪ **請求の方法（法 242 条①〜③）**

請求内容		請求期間
事由を証する書面を添え、監査委員に対し監査を求め、		当該行為のあった日又は終わった日から１年以内（正当な理由があれば、この限りではない）
①当該行為の防止・是正 ②当該怠る事実を改める ③損害の補填	必要な措置を講ずべきことを請求することが可	

◎請求があったときは、監査委員は、直ちに請求要旨を議会及び長に通知すること

▪請求上の規定 (法 242 条④〜⑥、⑨)

❶監査の手続

［請求に理由なしの場合］

請求人

①請求　　③書面で通知（理由を付す）

監査委員　　　　　　　　　　　　　　④公表

②監査の実施　➡　請求に理由なし

［請求に理由ありの場合］

※議会は、請求の対象にはならないが、
　勧告の対象にはなるので注意！

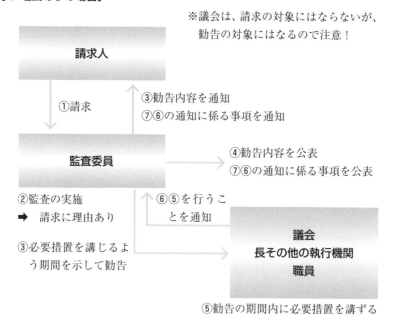

請求人

①請求　　③勧告内容を通知
　　　　　⑦⑥の通知に係る事項を通知

監査委員　　　　④勧告内容を公表
　　　　　　　　　⑦⑥の通知に係る事項を公表

②監査の実施
➡　請求に理由あり

⑥⑤を行うことを通知

③必要措置を講じるよう期間を示して勧告

**議会
長その他の執行機関
職員**

⑤勧告の期間内に必要措置を講ずる

◎監査・勧告は、いずれの場合も請求日から 60 日以内に行うこと

❷監査委員の監査実施上の諸則（法242条⑦〜⑪）

◦ 監査の実施に当たり、請求人に証拠の提出・陳述の機会を与えること

◦ 請求人の陳述の聴取

◦ 関係ある長その他の執行機関、
職員の陳述の聴取

　→　を行う場合

　↓

　関係ある長その他の執行機関、職員、請求人を立ち会わせることが可

◦ 議会は、住民監査請求があった後に、請求に係る行為又は怠る事実に関する
損害賠償又は不当利得返還の請求権その他権利の放棄に関する議決をしよう
とするとき

　↳　あらかじめ監査委員の意見を聴くこと

◦ 監査・勧告・意見の決定は、監査委員の合議によること

❸監査委員の執行停止勧告権（法242条④）
…請求対象の行為が下記の場合にあり

①違法であると思料できる相当な理由あり

②回復困難な損害を避ける緊急な必要あり

③公共の福祉を著しく阻害するおそれがない

　→　の場合、長、執行機関又は職員に対し、理由を付して、監査手続終了まで、当該行為の停止勧告が可

　↓

監査委員は、勧告内容を請求人に通知し、公表すること

❹事務監査請求と住民監査請求の比較

	事務監査請求 (法75条)	住民監査請求 (法242条)
対 象	普通地方公共団体の 事務全般	普通地方公共団体の 機関の財務行為 (違法・不当な公金の支出等)
請求人	有権者の 1/50 以上の連署を もって代表者が請求する	当該団体の住民であれば、1 人でも可 (法人でも可)
請求期間	期間制限なし	当該行為のあった日 又は終わった日から1年以 内 (ただし、正当な理由があれ ば、この限りではない) ◎請求があったときは、監 　査委員は直ちに要旨を議 　会・長に通知すること
監査に不服 があるとき	出訴は不可	出訴は可 (違法な行為又は怠る行為に ついては住民訴訟の道が開 かれている (125ページ参 照))

住民監査請求とセットの制度なので、併せて理解することが不可欠です。手続に関しては、期間や流れがかなり複雑なので、図表をもとにアウトラインから把握するようにしてください。何度も読み返せば、必ず理解できますので、根気強くいきましょう。

・ **訴訟の対象（法 242 条の 2 ①）**

> 住民監査請求をした者が、下記に定める場合に、請求に係る違法な行為又は怠る事実につき、裁判所に出訴することが可

対象者	行為の内容	請求内容
監査委員	①監査の結果に不服	①執行機関・職員に対する当該行為の全部又は一部差止め
	②勧告に不服	②当該行為の取消し又は無効確認
	③監査・勧告を 60 日以内に行わない	③執行機関・職員に対する当該怠る事実の違法確認
議会 長 その他の執行機関 職員	④措置に不服 ⑤勧告の措置を講じない	④執行機関・職員に対し、当該職員、当該行為・怠る事実に係る相手方に損害賠償又は不当利得返還を求める （当該職員、当該行為・怠る事実に係る相手方が、職員賠償責任規定の賠償命令対象者なら、その賠償命令をすることを求める） ※職員の賠償責任 （法 243 条の 2 の 2） 129 〜 130 ページ参照

◎住民監査請求をしないと、住民訴訟はできない（監査請求前置主義）
◎訴訟の対象となるのは、違法な行為又は怠る事実（法律問題）のみであり、不当な行為に対しては、住民訴訟として出訴することは不可である

- 訴訟期間 (法 242 条の 2 ②)

対象者	行為の内容	請求期間
監査委員	①監査の結果に不服 ②勧告に不服	監査結果又は勧告の通知があった日から 30 日以内
	③監査・勧告を 60 日以内に行わない	60 日を経過した日から 30 日以内
議会 長 その他の執行機関職員	④措置に不服	措置に係る監査委員の通知があった日から 30 日以内
	⑤勧告の措置を講じない	勧告に示された期間を経過した日から 30 日以内

- その他の規定

項目	取扱い
訴訟期間の不変性 (法 242 条の 2 ③)	訴訟期間は、不変期間 (何があっても変らない規定である)
別訴の禁止 (法 242 条の 2 ④)	住民訴訟係属中は、当該団体の他の住民は、別訴をもって同一請求は不可
管轄裁判所 (法 242 条の 2 ⑤)	当該団体の事務所の所在地を管轄する地方裁判所の管轄に専属する
差止めの制限 (法 242 条の 2 ⑥)	処分の差止めは、公共の福祉を著しく阻害するおそれあるときは不可
仮処分の禁止 (法 242 条の 2 ⑩)	違法な行為又は怠る事実については、民事保全法に規定する仮処分をすることは不可
行訴法の適用 (法 242 条の 2 ⑪)	住民訴訟については、地方自治法のほか行政事件訴訟法第 43 条の適用がある
弁護士等費用 (法 242 条の 2 ⑫)	訴訟を提起した者が勝訴 (一部勝訴を含む) した場合 ➡ 弁護士又は弁護士法人に報酬を支払うべきときは、当該団体に対し、その報酬の範囲内で相当と認められる額の支払請求が可

▪損害賠償又は不当利得返還の請求訴訟

（125 ページ「▪訴訟の対象」の表で、請求内容の④に関する訴訟）

❶訴訟の告知（法 242 条の 2 ⑦〜⑨）

住民 　　→　　 裁判所

①住民監査請求

③②を不服として出訴

②①を受けた監査委員による監査・
勧告等、執行機関等の措置等

執行機関又は職員

④遅滞なく訴訟の
告知をすること　➡

訴訟の告知があったときは、訴訟終了日
から 6 か月を経過するまでの間は、損害
賠償又は不当利得返還の請求権の時効は
完成しない（時効の完成猶予）

当該職員又は当該行為・
怠る事実の相手方

民法 153 条 2 項の規定（時効の完成猶予は当事
者及びその承継人の間においてのみ、その効力
を有する）は、上記の時効の完成猶予について
準用する

❷損害賠償又は不当利得の返還金支払請求（法 242 条の 3 ①）

裁判所

損害賠償又は不当利得返還の請求を命じる判決が確定

当該普通地方公共団体

長

判決確定日より 60 日以内に、
支払請求

当該職員又は当該行為・怠る事実の相手方

❸訴訟の提起（法242条の3②～③、⑤）

[判決確定日より60日以内に、返還金が支払われないとき]

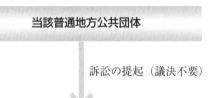

当該普通地方公共団体

訴訟の提起（議決不要）

↓

当該職員又は当該行為・怠る事実の相手方

訴訟の相手方が長なら、代表監査委員が当該団体を代表する

❹裁判の効力（法242条の3④）

損害賠償又は不当利得返還の請求訴訟の裁判
＝
訴訟の告知を受けた者にも有効

↓

損害賠償又は不当利得返還の請求訴訟の裁判
＝
当該団体と当該訴訟の告知を受けた者との間においても有効

この項は、1つの条文だけにも関わらず、密度の濃い内容になっています。主に、職員、長、監査委員、議会という四者が出てストーリーを構成します。主人公である職員がいかなる運命をたどるか、その行方を追及するつもりで勉強すると覚えやすいです。

▪ **対象と行為 (法243条の2の2①)**

対象者		行為		
①会計管理者 ②会計管理者の 　事務を補助する職員 ③資金前渡を受けた職員 ④占有動産を保管している職員 ⑤物品を使用している職員		故意 又は 重過失 により ★現金については軽過失も含む	a 現金 b 有価証券 c 物品 d 占有動産 e 使用に 　係る物品	を亡失 又は 損傷
⑥支出負担行為 ⑦支出命令・ 　支出命令の確認 ⑧支出又は支払 ⑨契約履行の確保 　のための監督又 　は検査	ア　権限を有する職員で、普通地方公共団体の規則で指定した者 イ　権限に属する事務を直接補助する職員で、普通地方公共団体の規則で指定した者	故意 又は 重過失 により 法令の 規定に 違反して	f 当該行為 　をした 　こと g 当該行為 　を怠った 　こと	により 普通地 方公共 団体に 損害を 与えた とき

◦ 該当職員が2人以上の場合は、それぞれの職分に応じ、かつ発生原因となった程度に応じて賠償責任を負う（法243条の2の2②）

◦ 住民訴訟で賠償の命令を命ずる判決が確定

    長は確定日から60日以内に賠償を命じること
    ［監査委員の関与は不要］（法243条の2の2④）

    確定日から60日以内に賠償金の支払なし

    当該団体は損害賠償請求訴訟を提起すること
    ［議決不要］（法243条の2の2⑤～⑥）

◦ 賠償命令に対する取消訴訟が提起されていたら

    裁判所は、当該訴訟の判決確定まで、損害賠償請求訴訟の訴訟
    手続を中止すること（法243条の2の2⑦）

◦ 地方自治法の規定により職員が損害賠償しなければならない場合

    職員の賠償責任について、民法の規定は不適用
    （法243条の2の2⑭）

▪賠償等の手続

❶賠償責任に基づく賠償命令（法243条の2の2③、⑨）

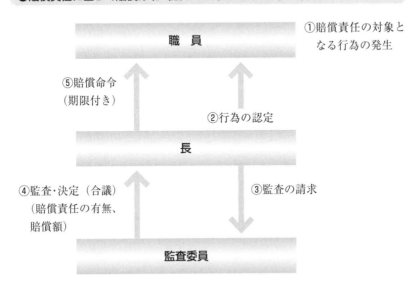

①賠償責任の対象となる行為の発生

⑤賠償命令（期限付き）

②行為の認定

④監査・決定（合議）（賠償責任の有無、賠償額）

③監査の請求

職　員

長

監査委員

❷賠償責任の一部又は全部免除（法243条の2の2⑧～⑨）

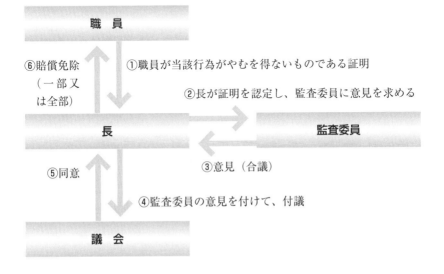

⑥賠償免除（一部又は全部）

①職員が当該行為がやむを得ないものである証明

②長が証明を認定し、監査委員に意見を求める

③意見（合議）

⑤同意

④監査委員の意見を付けて、付議

職　員

長

監査委員

議　会

▪ 審査請求（法 243 条の 2 の 2 ⑩〜⑭）

☆審査請求があった場合の長の対応

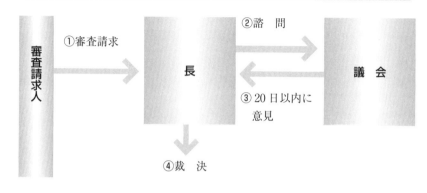

◎長は、請求を不適法とし諮問せず却下したときは、
その旨を議会に報告すること

※住民訴訟の判決に基づく請求処分（職員に損害賠償又は不当利得の返還を求める請求）については、行政不服審査法による審査請求をすることは不可

▪ 長等の損害賠償責任の一部免責（法 243 条の 2）

◦ 普通地方公共団体は、条例で、下記の旨定めることが可

> 長・委員会の委員・委員・職員（以下「長等」という）の損害賠償責任について
>
> ↓
>
> 長等が職務を行うにつき、善意でかつ重大な過失がないときは
>
> ↓
>
> 長等が賠償責任を負う額から、長等の職責その他の事情を考慮して政令で定める基準を参酌して、政令で定める額以上で当該条例で定める額を控除して得た額について免れる

◦ 普通地方公共団体の議会は、上記条例の制定・改廃に関する議決をしようとするとき

➡ あらかじめ監査委員の意見を聴くこと（意見の決定は合議によること）

比較的地味な分野でしたが、「指定管理者制度」の創設により民間委託への道が開けたとして、にわかに注目を浴びるようになりました。また、その設置・管理・廃止のみならず、利用に関する規定もおろそかにしてはいけません。

- **定　義（法244条）**

  - 住民の福祉を増進する目的をもって、その利用に供するための施設

  - 正当な理由がない限り、住民の利用を拒むこと不可

  - 住民の利用につき、不当な差別的取扱いは不可

- **設置・管理・廃止（法244条の2）**

  ❶法令に特別の定めがあるものを除き、条例で定めること

  ❷条例で定める重要な公の施設のうち、条例で定める特に重要なもの

  - 廃止
  - 条例で定める長期かつ独占的な利用

  　議会で、出席議員の2/3以上の同意を要す

  ❸公の施設の設置目的を効果的に達成するため必要があれば、条例により、指定管理者　に、管理を行わせることが可

  　法人その他の団体であって、当該普通地方公共団体が指定するもの

  ❹上記❸の条例には、次の事項を定める

  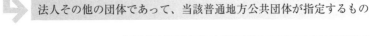

  a　指定管理者の指定手続
  b　指定管理者が行う管理の基準・業務の範囲
  c　その他必要な事項

普通地方公共団体の指定管理者に関する規定

指定管理者の指定 （法 244 条の 2 ⑤〜⑥）	・期間を定めて行う ・あらかじめ議会の議決を要す
事業報告 （法 244 条の 2 ⑦）	・指定管理者は、毎年度終了後、管理する公の施設の管理業務に関し、事業報告書を作成し、当該団体に提出すること
利用料金 （法 244 条の 2 ⑧〜⑨）	・指定管理者に、その管理する公の施設の利用料金を収入として収受させることが可 ・公益上必要がある場合を除き、条例により、指定管理者が定める （あらかじめ、当該団体の承認を受けること）
調査・指示等 （法 244 条の 2 ⑩）	・長又は委員会は、管理の適正を期するため、指定管理者に対し、業務又は経理の状況に関し報告を求め、実地調査、必要な指示が可
指定の取消等 （法 244 条の 2 ⑪）	・上記の調査・指示等に従わないときほか、指定の継続が不適当なとき、指定の取消し、又は期間を定め、管理業務の全部又は一部の停止命令が可

▪区域外設置等（法 244 条の 3）

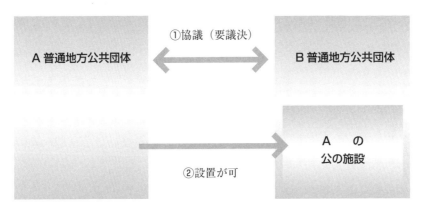

◎設置される地域の住民との間に使用関係を生じないときは、協議不要
（昭 18.6.23 行実）

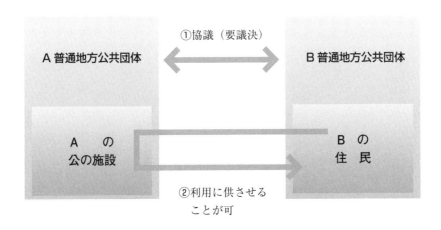

- 公の施設を利用する権利に関する処分についての審査請求
  （法 244 条の 4)

☆長以外の機関（指定管理者を含む）がした処分

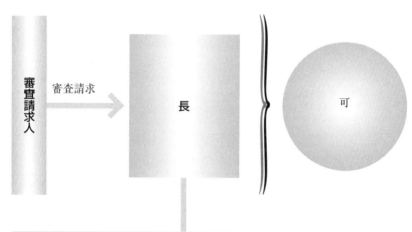

長が当該機関の最上級行政庁でない場合も、長に対して行う

☆審査請求があった場合の長の対応

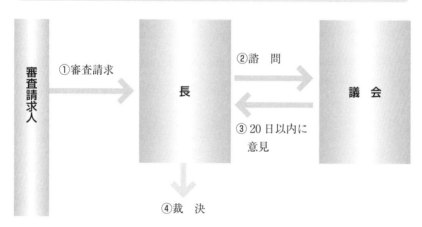

◎長は、請求を不適法とし諮問せず却下したときは、
その旨を議会に報告すること

24 国又は都道府県の関与等 (1)

この項は、地方自治法の目的の1つである「国と地方公共団体との間の基本的関係を確立する」という点を、最も端的に表しています。まず、関与の基本原則など、総則的な規定を把握し、関与等とはどのようなものを指すのかを正しく理解しましょう。

▪ 関与の種類 (法 245 条)

> 普通地方公共団体がその固有の資格において当該行為の名あて人となるものに限る

（国又は都道府県の普通地方公共団体に対する支出金の交付、返還に係るものを除く）

❶普通地方公共団体に対する次に掲げる行為

①助言・勧告

②資料の提出要求

③是正の要求

普通地方公共団体の事務処理	➡	法令に違反又は著しく適正を欠く かつ 明らかに公益を害している

⬇ この場合に行われる是正又は改善の求めで、当該団体が応じるべきもの

④同　意

⑤許可・認可・承認

⑥指　示

⑦代執行

普通地方公共団体の事務処理	➡	法令に違反 又は 怠っている	➡	当該団体に代わり是正措置を行う

❷普通地方公共団体との協議

❸その他の関与

> ❶〜❷の関与のほか、一定の行政目的を実現するため、普通地方公共団体に対し、具体的かつ個別的に関わる行為（審査請求その他の不服申立てに対する裁決、決定等は除く）

▪関与の基本理念

❶関与法定主義（法245条の2）

普通地方公共団体は事務処理に関し、法令 によらなければ国又は都道府県の関与を　➡　受けること又は要すること　➡　なし

> 法律だけではなく、これに基づく政令でも関与ができるので、注意が必要

❷一般法の原則（法245条の3〜8）

> 関与は、自治法に規定された一般的な方法でのみ許される

❸公正・透明の原則（法247条〜250条の6）

> 関与は、互いの「対等・協力」の関係を踏まえ、オープンに行われること

▪関与の基本原則

（自）は自治事務、（法）は法定受託事務

❶必要最小限の原則（法245条の3①）

（自）（法）

。目的達成のため必要最小限度であること

。普通地方公共団体の自主性・自立性に配慮すること

❷事務処理不干渉の原則（245条の3②〜⑥）

①代執行及び具体的かつ個別的に関わる行為
（自）（法）

②協議
（自）（法）

。国・都道府県・当該団体との計画の調和
等、施策間の調整を要する場合を除く

③同意
（自）

。国がすべき税財政上の特例措置を、普通
地方公共団体が作成する場合等、施策間
の整合性の確保を要する場合を除く

④許可・認可・承認
（自）

。法人の設立等、許可・認可・承認以外の
方法で、処理の適正を確保することが困
難な場合を除く

⑤指示
（自）

。国民の生命、身体、財産の保護のため緊
急に自治事務の的確な処理を確保する必
要がある場合を除く

➡ これらを受け、又
は要することがな
いようにすること

▪技術的助言・勧告、資料の提出要求 (法 245 条の 4)

市町村に対する助言・勧告、資料の提出要求に関する指示

| 各大臣 | → 可 | 都道府県知事
都道府県の執行機関 |

技術的助言・勧告、
資料の提出要求 }可↓↑ 技術的助言・勧告、
必要な情報提供 } を求める
ことが可

| 普通地方公共団体 | 〔長〕
〔その他の執行機関〕 |

◎助言・勧告、資料の提出要求には、法的拘束力がない

▪事務別関与の可否

	自治事務	法定受託事務
助言・勧告	○	○
資料の提出要求	○	○
是正の要求	○	○ （第 2 号）
同意	△ （例外的に認められる）	○
許可・認可・承認	△ （例外的に認められる）	○
指示	△ （例外的に認められる）	○
代執行	×	○ （限定的に可）
協議	△ （例外的に認められる）	△ （例外的に認められる）
その他の関与	△ （例外的に認められる）	△ （例外的に認められる）

▪ 是正の求めの3形態

	是正の要求 (法245条の5)	是正の勧告 (法245条の6)	是正の指示 (法245条の7)
実施主体	∘各大臣	∘都道府県の 執行機関	∘各大臣 ∘都道府県の 執行機関
相手方	∘都道府県 ∘都道府県の 執行機関 ∘市町村	∘市町村の 執行機関	∘都道府県 ∘都道府県の 執行機関 ∘市町村 ∘市町村の 執行機関
対象事務	∘自治事務 ∘法定受託事務 (第2号)	∘自治事務	∘法定受託事務 (第1号・2号)
事務処理の要件	①法令違反 又は ②著しく適正を欠き、かつ明らかに公益を害している		

▪是正の要求 (法 245 条の 5)

❶都道府県の自治事務について

❷市町村の自治事務・第 2 号法定受託事務について

各大臣は、以下のように市町村に要求するよう都道府県に対して指示が可（都道府県が各大臣の指示なしに、自らすることは不可）

∘市町村長その他の執行機関の担任事務　➡　知事へ
∘市町村教育委員会の担任事務　➡　都道府県教育委員会へ
∘市町村選挙管理委員会の担任事務　➡　都道府県選挙管理委員会へ

❸市町村の自治事務・第 2 号法定受託事務について、緊急を要するとき等

❹必要措置の義務

上記❶〜❸の要求を受けた普通地方公共団体は、是正又は改善のための必要措置を講じること

▪是正の勧告（法 245 条の 6）

市町村の自治事務について

| 都道府県 | 勧告が可 ➡ | 市町村 |

- 知事　➡　市町村長その他の執行機関の担任事務
- 都道府県教育委員会　➡　市町村教育委員会の担任事務
- 都道府県選挙管理委員会　➡　市町村選挙管理委員会の担任事務

参考　ここで復習

地域における事務及びその他の事務で法令により処理することとされる事務
（法２条②）

　　　自治事務
　　　法定受託事務　　　　　第１号
　　　　　　　　　　　　　　第２号

１ 自治事務（法２条⑧）
- 地方公共団体が処理する事務のうち、法定受託事務以外の事務

２ 法定受託事務（法２条⑨）
第１号…法令に基づき、都道府県、市町村、特別区が処理することとされる事務のうち、国が本来果たすべき役割に係るもので、国において適正処理を特に確保する必要があるものとして、法令に特に定めるもの

第２号…法令に基づき、市町村、特別区が処理することとされる事務のうち都道府県が本来果たすべき役割に係るもので、都道府県において適正処理を特に確保する必要があるものとして、法令に特に定めるもの（※都道府県には、第２号事務はないので注意すること）

- 是正の指示 (法 245 条の 7)

❶都道府県の第 1 号法定受託事務について

❷市町村の第 1 号法定受託事務について

❸市町村の第 1 号法定受託事務について、緊急を要するとき等

❹都道府県が自ら市町村の第 1 号・第 2 号法定受託事務について

- 知事 ➡ 市町村長その他の執行機関の担任事務
- 都道府県教育委員会 ➡ 市町村教育委員会の担任事務
- 都道府県選挙管理委員会 ➡ 市町村選挙管理委員会の担任事務

▪ 代執行 (法 245 条の 8)

❶都道府県の第 1 号法定受託事務について

❷市町村の第 1 号法定受託事務について

❸都道府県が自ら市町村の第 1 号・第 2 号法定受託事務について

措置の実施権者

◦ 代執行に関する措置が行えるのは、各大臣又は都道府県知事である
　（知事以外の都道府県の執行機関は、行うことが不可）

▪ 代執行までの手続 (法 245 条の 8)

> 代執行に関する措置の要件

| 法定受託事務 | 管理・執行が
①法令に違反
②各大臣・長の処分に違反
③管理・執行を怠る | ①～③のいずれかの場合で |

a 代執行に関わる措置以外の方法での是正が困難
b 当該行為の放置が著しく公益を害することが明らか

a、b 両方の条件があるとき

違反の是正又は管理・執行の怠りを改めるよう、代執行に関わる措置の行使が可

☆代執行の手順（法245条の8）

国
（各大臣）

①文書で勧告が可
（期限付）
③文書で指示が可
（期限付）
⑥裁判請求した旨を
通告
（通告日時・場所・
方法）
⑪⑨の期限を過ぎて
も措置なしなら代
執行が可
（あらかじめ日時・
場所・方法を通知）

②勧告に従わない
④指示に従わない
⑩判決に従わない

都道府県
知事

⑨各大臣の請求に理
由ありと裁判所が
認めるときは、当
該事項を行う旨の
判決を下す
（期限付）

⑦⑥をした
日時・場
所・方法
を通知

⑤裁判請
求が可

⑨の2
各大臣の請求に理由なし
の判決が確定した場合、す
でに代執行が行われてい
るときは、知事は、当該判
決確定後3か月以内にその
処分の取消又は原状回復
その他必要措置をとるこ
とが可

高等裁判所

⑧訴えの提起から15日以内に口頭弁論の期日を定め当事者を呼
び出すこと

◎判決に対する上告期間は1週間（上告には、執行停止の効力なし）

・市町村の場合、上記手順については、「各大臣」を「都道府県知事」、
「都道府県知事」を「市町村長」と読み替えて準用する
・審理の促進に関し必要な事項は、最高裁判所規則で定める

- 処理基準 (法 245 条の 9) …目的達成のため、必要最小限度であること

❶都道府県の法定受託事務について

国
（各大臣）　　基準の定めが可　　→　　都道府県

❷市町村の法定受託事務について

都道府県　　基準の定めが可　　→　　市町村

- 知事 ➡ 市町村長その他の執行機関の担任事務

- 都道府県教育委員会 ➡ 市町村教育委員会の担任事務

- 都道府県選挙管理委員会 ➡ 市町村選挙管理委員会の担任事務

◎基準は、下の❸で各大臣の定めるものに抵触しないこと

❸市町村の第 1 号法定受託事務について

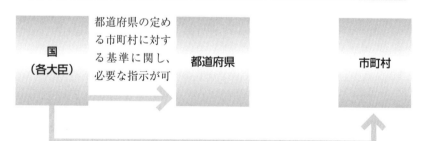

国
（各大臣）

都道府県の定める市町村に対する基準に関し、必要な指示が可 → 都道府県

市町村

特に必要なら、基準の定めが可

25 国又は都道府県の関与等の手続 (1)

これも昇任試験では、受験生泣かせの項目だと思います。しかし、おそれることはありません。条文の文章では理解できなくても、ここに掲げた図表によりイメージをつかみ、落ち着いて整理していけば、難問も徐々に氷解していきます。

- **関与の手続 (法 246 条)**

  - 地方自治法の定めを適用する
    - → 他の法律に特別の定めあれば、この限りではない

- **助言・勧告の方式 (法 247 条)**

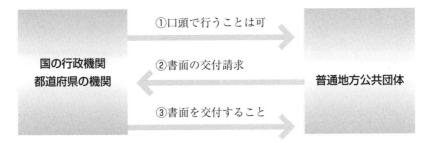

国の行政機関
都道府県の機関

① 口頭で行うことは可 →

② 書面の交付請求 ←

③ 書面を交付すること →

普通地方公共団体

ただし、以下の場合は除外する (書面交付は不要)
① その場で完了する行為を求めるもの
② 既に書面により通知されている事項と同一内容であるもの

- 助言・勧告に従わなかったことを理由に、不利益な取扱いをすることは不可

- **資料提出の要求等の方式 (法 248 条)**

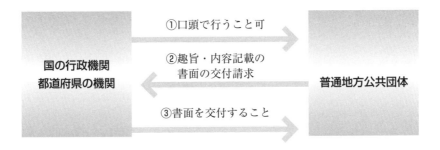

国の行政機関
都道府県の機関

① 口頭で行うこと可 →

② 趣旨・内容記載の
書面の交付請求 ←

③ 書面を交付すること →

普通地方公共団体

25 国又は都道府県の関与等の手続 (2)

- ・是正の要求等の方式 (法 249 条)

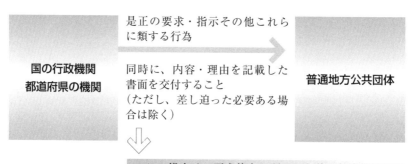

- ・協議の方式 (法 250 条)

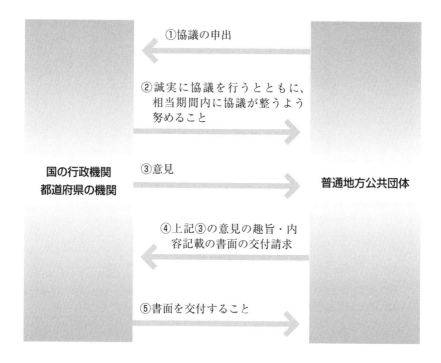

▪ <u>許認可等の基準</u>（法250条の2、法250条の4）

許可、認可、承認、同意その他これらに類する行為

| 国の行政機関
都道府県の機関 | ①法令に基づく申請又は協議の申出 | 普通地方公共団体 |

②許認可等をするかどうかを法令の定めに従い判断するため必要な基準を定め、行政上特別の支障があるときを除き、公表すること（義務）

②′許認可等の取消しその他これに類する行為をするかどうかを法令の定めに従い判断するため必要な基準を定め、公表するよう努めること（努力義務）

許認可等の拒否処分又は取消し等をする場合は、その内容・理由を記載した書面を交付すること

◎基準は、その性質に照らし、できる限り具体的なものにすること

▪ <u>許認可等の標準処理期間</u>（法250条の3）

申請等が事務所に到達してから許認可等をするまでの標準的な期間を定め、公表するよう努めること（努力義務）

| 国の行政機関
都道府県の機関 | ①法令による事務所に申請等の提出 | 普通地方公共団体 |

②遅滞なく事務を開始すること

・届　出 (法 250 条の 5)

届出書の提出

| 国の行政機関
都道府県の機関 | ○記載事項に不備がない
○必要な書類が添付されている
○その他法令に定める形式上の
　要件に適合している | 普通地方公共団体 |

当該届出が法令により提出先とされている事務所に
到達したとき、届出の手続義務が履行されたとする

・国による自治事務の処理 (法 250 条の 6)

| 事務 | 普通地方公共団体が自
治事務として処理して
いる事務と、同一事務
を法令の定めにより自
らの権限として処理す
るとき | 自治事務 |

| 国の行政機関 | あらかじめ当該団体に
内容・理由を書面で通知
（ただし、差し迫った必
要がある場合は除く） | 普通地方公共団体 |

この場合は、当該事務処理をした後、
相当期間内に書面で通知すること

- 国等による違法確認訴訟制度（法251条の7）

次の❶～❹のケースで、それぞれ訴訟の提起又は訴訟の提起の指示が可

❶国（各大臣）が、普通地方公共団体の行政庁を被告に、訴訟提起できるケース（法251条の7）

普通地方公共団体に対し、是正の要求又は是正の指示を行った各大臣
➡ 高等裁判所に、不作為の違法確認訴訟の提起が可

対象行為	不作為……上記是正の要求又は指示を受けた普通地方公共団体の行政庁が、相当期間内に措置を講じなければならないにも関わらず、これを講じないこと ※次のいずれかに該当すること ア　普通地方公共団体の長その他執行機関が、国地方紛争処理委員会（以下「委員会」という）に対し、当該要求又は指示に関する審査の申出をせず、かつ、措置を講じないとき イ　普通地方公共団体の長その他執行機関が、委員会に対し、当該要求又は指示に関する審査の申出をした場合で、次に掲げるとき 　　a　委員会が審査の結果又は勧告の内容を通知した場合、当該団体の長その他執行機関が当該要求又は指示の取消しを求める訴えを提起せず、かつ、当該要求又は指示に応じた措置を講じないとき 　　b　委員会が当該審査の申出から90日を経過しても、審査又は勧告を行わない場合、当該団体の長その他執行機関が当該要求又は指示の取消しを求める訴えを提起せず、かつ、当該要求又は指示に応じた措置を講じないとき

[❶の訴訟の構図]

> ❷国（各大臣）＝（指示者）が、都道府県の執行機関（＝指示受け者）に対し、訴訟提起を指示できるケース（法252条①〜②）

都道府県の執行機関に対し、市町村の執行機関の事務処理（第1号法定受託事務を除く）について是正の要求をするよう指示を行った各大臣

➡ 当該市町村の不作為に係る行政庁を被告として、都道府県の執行機関に訴訟の提起をするよう指示が可

対象行為：❶の違法確認訴訟手続に準じた「市町村の不作為」

当該指示を受けた都道府県の執行機関	高等裁判所に、不作為の違法確認訴訟を提起すること

[訴訟の構図]

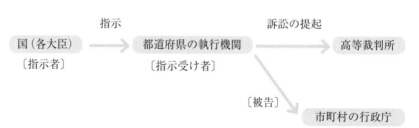

❸都道府県の執行機関が、市町村の行政庁を被告に、訴訟提起できるケース（法252条③〜④）

市町村の行政庁に対し、市町村の法定受託事務の処理について是正の指示を行った都道府県の執行機関

➡ 高等裁判所に、不作為の違法確認訴訟の提起が可

対象行為：❶の違法確認訴訟手続に準じた「市町村の不作為」

[訴訟の構図]

都道府県の執行機関 ── 訴訟の提起 ──➤ 高等裁判所

〔被告〕 ──➤ 市町村の行政庁

当該都道府県の執行機関に対し、市町村の第1号法定受託事務の処理について是正の指示を行った各大臣

当該訴訟に関し、必要な指示をすることが可

❹知事が、市町村の行政庁を被告に、訴訟提起できるケース（法252条の17の4）

条例による事務処理の特例により、市町村が処理することとされた事務のうち、自治事務について是正の要求を行った知事

➡ 高等裁判所に、不作為の違法確認訴訟の提起が可（❷の各大臣の指示がなくても可）

対象行為：❶の違法確認訴訟手続に準じた「市町村の不作為」

[訴訟の構図]

知事 ── 訴訟の提起 ──➤ 高等裁判所

〔被告〕 ──➤ 市町村の行政庁

国地方係争処理委員会 (1)

国と地方の争いを第三者機関として公平に裁く機関です。委員の任命や身分の取扱いをはじめ、審査、勧告、調停など、細かい規定がありますが、委員会に与えられた権限はどこかさえ押さえれば、それほど複雑な項目ではないので、大丈夫です。

▪ **設置及び権限**（法 250 条の 7）

 ○ 総務省に「国地方係争処理委員会」を設置する

 ○ 普通地方公共団体に対する国の関与に関する審査の申出につき、地方自治法の規定による権限事項を処理する

▪ **組織及び委員**（法 250 条の 8 ～ 9）

委 員

 ○ 5 人をもって組織、非常勤（ただし、2 人以内は常勤とすることが可）

 ○ 3 人以上が同一政党等に属すること不可

 ○ 有識者のうちから、両議院の同意を得て、総務大臣が任命

委員の任期満了 又は 欠員の発生	→	国会の閉会 又は 衆議院の解散	で両議院の同意が得られないとき

 ○ 総務大臣は、有資格者（有識者）のうちから、委員の任命が可
 ○ 任命後最初の国会で両議院の事後の承認を得ること
   ➡ 得られないときは、直ちにその委員を罷免すること

 ○ 委員の任期は 3 年で再任が可、補欠委員の任期は前任者の残任期間とする

 ○ 任期が満了しても、後任者が任命されるまで、引き続きその職務を行う

 ○ 委員が破産宣告を受け、又は禁錮以上の刑に処せられたとき

   総務大臣は、当該委員を罷免すること

◦ 総務大臣は、両議院の同意を得て、次の委員を罷免する

①何人も属さぬ同一政党等に、新たに3人以上の委員が属するに至ったら、このうち2人を超える員数の委員
②既に1人が属している政党等に、新たに2人以上の委員が属するに至ったら、このうち1人を超える員数の委員

◦ 総務大臣は、既に2人が属している政党等に、新たに委員が属するに至ったら、この委員を直ちに罷免する（両議院の同意不要）

総務大臣 ➡ ①委員が心身の故障のため職務執行ができない
②職務上の義務違反その他委員たるに適しない非行
➡ 両議院の同意を得て、委員の罷免が可

◦ 委員は、上記の法規定による場合以外に、意に反して罷免されない

◦ 委員は、職務上知り得た秘密を漏らしてはならない（退職後も同様）

◦ 委員に対する禁止規定

在任中に ➡ ①政党等の役員となる
②積極的に政治運動をする
③報酬を得て他の職務に従事する
④営利事業を営むその他営利業務を行う

◎ただし、③〜④は、常勤委員のみに関する禁止規定であり、総務大臣の許可がある場合は除かれる

◦ 委員は、自己に直接利害関係のある事件について、議事への参与不可

◦ 委員の給与は、別に法律で定める

▪ 委員長及び会議 (法 250 条の 10 ～ 11)

　◦ 委員の互選により<u>委員長</u>を置く

　　　　　　　　　①会務を総理し、委員会を代表
　　　　　　　　　②事故あるときは、あらかじめ委員長の
　　　　　　　　　　指名する委員が職務代理

　◦ 委員会は、委員長が招集、委員長及び委員 2 人以上の出席で成立
　　　　　　　　　　　　　(委員長の職務代理は、委員長と見なす)

　◦ 議事は、出席者の過半数で決し、可否同数なら委員長の決するところによる

▪ 審査手続
　[審査の申出 (法 250 条の 13)]

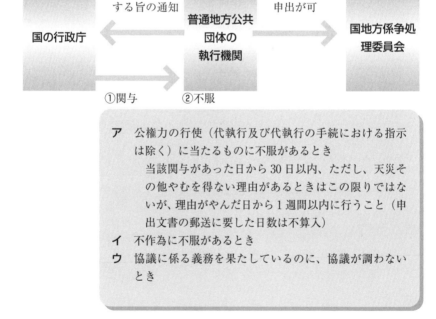

ア　公権力の行使 (代執行及び代執行の手続における指示は除く) に当たるものに不服があるとき
　　当該関与があった日から 30 日以内、ただし、天災その他やむを得ない理由があるときはこの限りではないが、理由がやんだ日から 1 週間以内に行うこと (申出文書の郵送に要した日数は不算入)
イ　不作為に不服があるとき
ウ　協議に係る義務を果たしているのに、協議が調わないとき

[審査及び勧告（法250条の14）]

③通知・勧告　　国地方係争処理委員会（A）　　④通知

②審査

①審査の申出

国の行政庁（B）　⟷　普通地方公共団体の執行機関（C）

◎審査及び勧告は、審査の申出日から90日以内

ア　公権力の行使の場合

a　自治事務に関してなら

| 関与が違法・不当でない | ➡ | （A）は理由を付し、（B）と（C）に通知し、公表 |
| 関与が違法・不当である | ➡ | （A）は理由を付し、期間を示し、（B）に必要措置を講ずるべきことを勧告、（C）にその旨通知、公表 |

b　法定受託事務に関してなら

| 関与が違法でない | ➡ | （A）は理由を付し、（B）と（C）に通知し、公表 |
| 関与が違法である | ➡ | （A）は理由を付し、期間を示し、（B）に必要措置を講ずるべきことを勧告、（C）にその旨通知、公表 |

 <u>不当性</u>が審査できるのは、自治事務のみである
⇨　当該団体の自主性・自立性を尊重する観点から判断

イ　不作為の場合

| 申出に理由がない | ➡ | （A）は理由を付し、（B）と（C）に通知し、公表 |
| 申出に理由がある | ➡ | （A）は理由を付し、期間を示し、（B）に必要措置を講ずるべきことを勧告、（C）にその旨通知、公表 |

ウ　協議不調の場合

（C）が協議に係る義務を果たしているかどうかを審査
➡　（A）は理由を付し、結果を（B）と（C）に通知し、公表

[関係行政機関の参加（法250条の15）]

> 国地方係争処理委員会（A）は、職権又は申立てにより、あらかじめ意見聴取をすることで、関係行政機関（D）を審査手続に参加させることが可

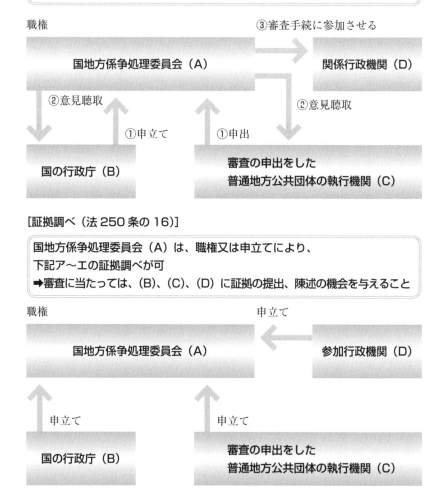

[証拠調べ（法250条の16）]

> 国地方係争処理委員会（A）は、職権又は申立てにより、
> 下記ア〜エの証拠調べが可
> ➡審査に当たっては、(B)、(C)、(D) に証拠の提出、陳述の機会を与えること

ア 適当な者に、参考人として知っている事実を陳述させ、又は鑑定を求めること

イ 書類その他の物件の所持人に、その提出を求め又は提出された物件を留め置くこと

ウ 必要な場所につき検証すること

エ 申出をした執行機関又はこれらの職員を審尋すること

[審査の申出の取下げ（法 250 条の 17）]

> 審査の申出をした普通地方公共団体の執行機関は、審査結果の通知若しくは勧告があるまで又は調停成立までは、いつでも取下げが可（文書ですること）

[国の行政庁の措置等（法 250 条の 18）]

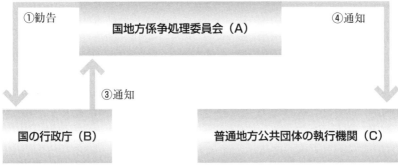

⑤公表

①勧告　　　　　　　　国地方係争処理委員会（A）　　　　　　④通知

③通知

国の行政庁（B）　　　　　　　　　普通地方公共団体の執行機関（C）

②勧告期間内に、必要措置を講じる

◎（A）は（B）に、措置についての説明を求めることが可

[調　停（法 250 条の 19）]

③理由を付し、調停案の要旨を公表
⑤調停の成立
➡　その旨及び調停要旨の公表、（B）、（C）にその旨を通知

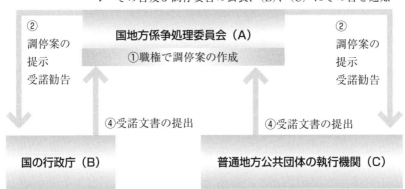

②
調停案の提示
受諾勧告

国地方係争処理委員会（A）
①職権で調停案の作成

②
調停案の提示
受諾勧告

④受諾文書の提出　　　　　　④受諾文書の提出

国の行政庁（B）　　　　　　　　　普通地方公共団体の執行機関（C）

27 自治紛争処理委員 (1)

国地方係争処理委員会が常設の「委員会」としての形態をとるのに対し、自治紛争処理委員は、あくまで事件ごとに任命される「委員」というところに特徴があります。制度の内容は、おおむね国地方係争処理委員会に準じていますので、そちらも参照してください。

▪ **処理事務 (法 251 条①)**

> ①普通地方公共団体相互間、普通地方公共団体の機関相互間の紛争の調停
> ②普通地方公共団体に対する都道府県の関与に関する審査
> ③連携協約に係る紛争を処理するための方策の提示
> ④長、委員会の委員等の失職の審査請求、審査の申立て、審決の申請に係る審理

▪ **組織及び委員 (法 251 条②〜⑥)**

委 員

> ◦ 委員は 3 人、事件ごとに有識者のうちから<u>総務大臣又は知事が任命</u>

> あらかじめ、当該事件に関係ある各大臣又は
> 都道府県の委員会若しくは委員に協議すること

> ◦ 独任制の附属機関である

> ◦ 委員は非常勤とする

> ◦ 委員の失職事由
> ①当事者が、調停の申請を取下げたとき
> ②委員が当事者に、調停打切りの通知をしたとき
> ③調停が成立した旨を、総務大臣又は知事が当事者に通知したとき
> ④市町村の執行機関が、審査に付することを求める申出を取下げたとき
> ⑤委員が審査の結果を通知、公表したとき
> ⑥普通地方公共団体が連携協約に係る紛争の処理方策の提示を求める申請を取り下げたとき
> ⑦委員が処理方策を提示し、総務大臣又は知事に通知、公表したとき
> ⑧審査請求、審査の申立て、審決の申請を取下げたとき
> ⑨総務大臣又は知事が、審査請求を裁決等したとき

○ 総務大臣又は知事は、委員が当該事件に直接利害関係を有することになれば、当該委員を罷免すること

○ その他、同一政党等の罷免規定は、国地方係争処理委員会の委員のものを準用

→ ただし、読替え規定があるので注意すること

▪ 調停・審査・処理方策の提示の手続
　[自治紛争処理委員への付託（法251条の2①〜②）]

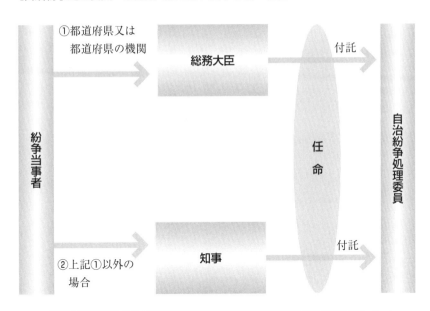

① 都道府県又は都道府県の機関 → 総務大臣 → 付託 → 自治紛争処理委員

② 上記①以外の場合 → 知事 → 付託 → 自治紛争処理委員

任命

紛争当事者

総務大臣又は知事は、当事者の文書による申請又は職権により、自治紛争処理委員を任命し、その調停に付すことが可

当事者は、調停開始後、総務大臣又は知事の同意を得て、申請の取下げが可

[調停の手順（法251条の2③〜⑩）]

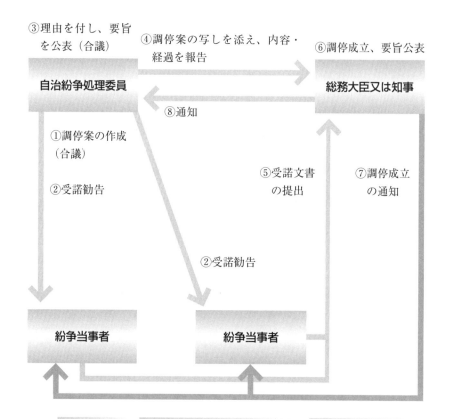

③理由を付し、要旨を公表（合議）

④調停案の写しを添え、内容・経過を報告

⑥調停成立、要旨公表

自治紛争処理委員　　　　**総務大臣又は知事**

⑧通知

①調停案の作成（合議）

②受諾勧告

⑤受諾文書の提出

⑦調停成立の通知

②受諾勧告

紛争当事者　　　**紛争当事者**

委員は、調停案作成に必要なら、　➡

ア　当事者・関係人の出頭・陳述

イ　当事者・関係人・紛争に係る事件に関係ある者に対し、記録の提出

➡　を求めることが可（合議）

委員は、調停による解決の見込みがなければ、総務大臣又は知事の同意を得て、調停を打ち切り、事件の要点、調停の経過を公表することが可（合議）

その旨を当事者に通知すること

[審査及び勧告（法251条の3）]

総務大臣又は知事（A）　④委員を任命し、
　　　　　　　　　　　　審査に付す　　　　　自治紛争処理委員（B）

③（B）の審査に付すことを求める文書で申出

市町村の執行機関（C）　①関与　　都道府県の行政庁（D）

②不服

下記のア～ウの場合

ア　公権力の行使（代執行及び代執行の手
　　続における指示は除く）
イ　不作為
ウ　協議不調

審査・勧告手続については、国地方係争処理委員会に関する規定を
おおむね準用

［処理方策の提示（法 251 条の 3 の 2）］
➡ 連携協約（169 〜 170 ページ参照）に係る紛争を処理するための方策

| 自治紛争処理委員 | ②委員を任命し、処理方策を定めさせる | 総務大臣又は知事 |

③処理方策を定める（合議）

④公表（合議）

④紛争当事者に提示した旨と処理方策を通知

①自治紛争処理委員による処理方策の提示を求める旨の申請（1 団体でも申請可）

④処理方策を提示

紛争当事者

⑤受けた提示を尊重し、必要な措置を執ること

◎①の申請は、170 ページ「❺連携協約締結団体の相互間の紛争処理」のことである
◎①の申請をした紛争当事者は、
　総務大臣又は知事の同意を得て、当該申請を取り下げることが可

| 委員は処理方策を定めるために必要なら、 | ア　当事者・関係人の出頭・陳述
イ　当事者・関係人・紛争に係る事件に関係ある者に対し、記録の提出 | ➡ を求めることが可（合議） |

［細目規定（自治令 174 条の 8）］

- ①の申請をした紛争当事者は、直ちにその旨を他の当事者に通知すること
- ②で処理方策を定めさせることとした総務大臣又は知事は、直ちにその旨及び自治紛争処理委員の氏名を告示し、当事者に通知すること
- 申請の取下げに同意した総務大臣又は知事は、その旨を他の当事者に通知すること
- 総務大臣又は知事は、自治紛争処理委員に処理方策経過報告を求めることが可

国の関与に関する訴え (1)

国の関与に関する国地方係争処理委員会への審査の申出が前提となっている訴訟です。したがって、国地方係争処理委員会についての規定と併せて理解することが肝要です。期間制限をはじめとする訴訟手続も、しっかり理解してください。

▪ **訴訟の対象及び期間 (法 251 条の 5 ①〜②)**

> 国地方係争処理委員会に審査の申出をした普通地方公共団体の執行機関は、下記に定める場合につき、当該審査の申出の相手方である国の行政庁を被告として、高等裁判所に出訴することが可

対象者	行為の内容	訴訟期間
国地方係争処理委員会	①審査の結果に不服 ②勧告に不服	審査の結果又は勧告の通知があった日から 30 日以内
	③審査の申出日から 90 日を経過しても、審査又は勧告を行わない	90 日を経過した日から 30 日以内
審査の申出の相手である国の行政庁	④措置に不服	措置に係る委員会の通知があった日から 30 日以内
	⑤勧告の措置を講じない	勧告に示された期間を経過した日から 30 日以内

◎上記①、②、④は取消訴訟、③、⑤は不作為の違法確認訴訟

◎国の関与があった後又は申請等が行われた後に、当該行政庁の権限が他の行政庁に承継されたとき ➡ 当該他の行政庁が被告となる

◎取消訴訟を提起する場合、被告とすべき行政庁がないとき ➡ 国を被告として提起すること

▪ 訴訟の手順 (法 251 条の 5 ④〜⑥)

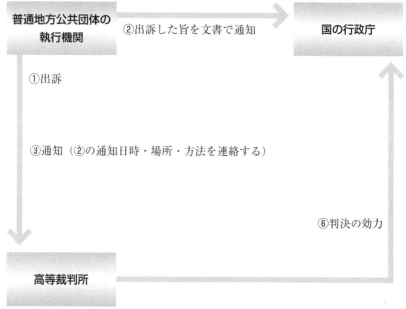

④訴えの提起から 15 日以内に口頭弁論の期日を定め、当事者を呼び出すこと
⑤判決

◎判決に対する上告期間は 1 週間

▪ 訴訟上の規定

- 訴訟は、当該団体の区域を管轄する高等裁判所の管轄に専属する
  (法 251 条の 5 ③)
- 国の関与を取り消す判決は、関係行政機関に対しても効力を有する
  (法 251 条の 5 ⑦)
- 訴訟については、地方自治法に定めるもののほか、審理の促進に必要な事項は、最高裁判所規則で定める (法 251 条の 5 ⑩)

◎「都道府県の関与に関する市町村の執行機関の訴え」は、おおむね「国の関与に関する訴え」の定めを準用している (法 251 条の 6)

普通地方公共団体相互間で協力関係を築く上では、法的な決まりがあります。特に、設置と組織に関する規定は重要になります。また、機関の委員、職員の身分取扱いなど、大まかで結構ですので、判別できるようにしておくとよいでしょう。

▪ 連携協約（法252条の2）

❶ 連携協約の締結（法252条の2①）

◦ 普通地方公共団体は、事務処理に当たっての他の普通地方公共団体との連携を図るため、協議により、<u>連携協約</u>を締結することが可

⬇

普通地方公共団体が連携して事務処理するに当たっての基本的な方針及び役割分担を定める協約

❷ 締結の手続（法252条の2①〜③）

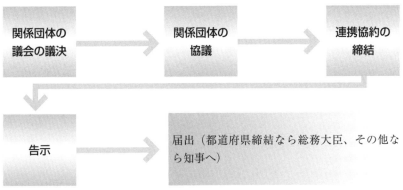

※協約を変更・廃止するときも、この手続を経なければならない（法252条の2④）

❸ 連携協定締結の勧告（法252条の2⑤）

公益上必要なら、（都道府県締結の場合は）総務大臣又は（その他の場合は）知事が関係団体に行うことが可

❹ 連携協約締結団体の義務（法252条の2⑥）

連携協約を締結した団体と連携して事務処理をするに当たり、分担すべき役割を果たすため必要な措置を執るようにすること

❺連携協約締結団体の相互間の紛争処理（法252条の2⑦）

連携協約に係る紛争があるとき

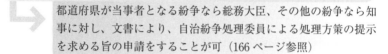

都道府県が当事者となる紛争なら総務大臣、その他の紛争なら知事に対し、文書により、自治紛争処理委員による処理方策の提示を求める旨の申請をすることが可（166ページ参照）

▪ **協議会（法252条の2の2〜252条の6）**

❶設　置（法252条の2の2①）

①普通地方公共団体の事務の一部の共同管理・共同執行
②普通地方公共団体の事務の管理・執行についての連絡調整
③広域にわたる総合的な計画の共同作成

いずれかの場合、協議により規約を定め、設置が可

◦ 協議会を設ける又は機関等を共同設置する普通地方公共団体を以下「関係団体」という

❷設置の手続（法252条の2の2①〜③）

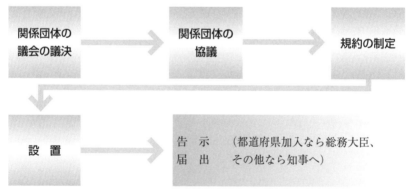

関係団体の議会の議決 → 関係団体の協議 → 規約の制定 → 設置 → 告示・届出（都道府県加入なら総務大臣、その他なら知事へ）

◎ただし、❶のうち②（連絡調整のための設置）の場合には、議決不要（法252条の2の2③）
◎❶のうち③（広域計画の作成）をした場合には、関係団体はこの計画に基づき事務処理をすること（法252条の2の2⑤）

❸設置の勧告（法252条の2の2④）

- 公益上必要なら、総務大臣（都道府県加入の場合）又は知事（その他の場合）が関係団体に対して行うことが可

❹協力要請（法252条の2の2⑥）

- 協議会は必要なら、関係のある公の機関の長に対して求めることが可

❺組　織（法252条の3）

- 会長及び委員をもって組織

　　➡　規約により常勤又は非常勤とし、関係団体の職員のうちから選任

❻事務の管理・執行の効力（法252条の5）

- 協議会が関係団体又は長その他の執行機関の名において行った事務の管理・執行

　　➡　関係団体の長その他の執行機関が管理・執行したものとしての効力を有する

❼組織の変更・廃止（法252条の6）

- 協議会を設置する関係団体数の増減、規約の変更、廃止

　　➡　設置手続の例による

- **機関等の共同設置（法252条の7〜13、自治令174条の19）**

　❶設　置（法252条の7）

　　①議会事務局
　　②行政委員会・委員（公安委員会は除く）
　　③附属機関
　　④行政機関（保健所・警察署等）
　　⑤長の内部組織
　　⑥行政委員会又は委員の事務局
　　⑦議会・長・行政委員会・委員の補助職員
　　⑧専門委員
　　⑨監査専門委員

　　　協議により規約を定め、共同して設置が可

◎設置の手続、設置の勧告、組織の変更・廃止　➡　概要は協議会と同様である

❷共同設置する機関の委員等の選任方法及び身分取扱い (法252条の9)

- 下記①～③は、それぞれ、a 又は b の方法により選任すること
- 身分は、①の b は規約で定める団体の職員、その他は当該団体の職員と見なす

①議会で選挙すべきもの (選挙管理委員会の委員など)

a　規約で定める団体の議会が選挙

b　関係団体の長が協議により定めた共通の候補者について、すべての関係団体の議会が選挙

②長が議会の同意を得て選任すべきもの (教育委員会の委員.監査委員など)

a　規約で定める団体の長が、当該団体の議会の同意で選任

b　関係団体の長が協議により定めた共通の候補者について、それぞれの長が議会の同意を得て、規約で定める長が選任

③長・委員会・委員が選任すべきもの

a　規約で定める団体の長・委員会・委員が選任

b　関係団体の長・委員会・委員が協議により定めた者について、規約で定める長・委員会・委員が選任

❸共同設置する機関の解職請求 (法252条の10)

関係団体の有権者が、所属する団体の長に請求する　➡　議会に付議

①関係団体が2つの場合　➡　すべての関係団体の議会で同意の議決

②関係団体が3つ以上の場合　➡　半数を超える関係団体の議会で同意の議決

解職請求が成立する
(法律の定めに基づき解職請求が可能な対象機関に限る)

❹補助職員等 (法252条の11①)

- 補助職員は、長の補助機関である職員をもって充てる
- 附属機関の庶務は、規約で定める団体の執行機関がつかさどる

❺経　費 (法252条の11②～③)

- 関係団体で負担し、規約で定める団体の歳入歳出予算に計上して支出 (手数料その他の収入は、規約で定める団体の収入とする)

❻監　査 (法252条の11④～⑤)

- 規約で定める団体の監査委員が毎会計年度少なくとも1回以上期日を定めて行い、他の関係団体の長に結果報告し、公表すること
- 監査の結果報告が監査委員の意見の合議の不一致で決定しない場合、その旨と各意見を長に提出し公表すること

▪ 職員の派遣（法 252 条の 17）

❶派遣の要件

事務の処理のため特別の必要があれば、職員の派遣を求めることが可

❷派遣職員の身分等取扱い

★2つの団体の身分を併せ持つ

①給料、手当（退職手当を除く）、旅費は、派遣を受けた団体（A）が負担

②退職手当、退職年金、退職一時金は、派遣した団体（B）が負担
ただし、派遣が長期間にわたる等の特別事情があれば
　　⮕　双方の団体の長・委員会・委員の協議により、当該派遣の趣旨に照らし必要な範囲で、派遣を求めた（派遣を受けた）団体（A）が退職手当の全部又は一部を負担することが可

③委員会又は委員が、職員の派遣を求め又は求めに応じ職員を派遣しようとするとき、②の退職手当の負担を協議をしようとするとき
　　⮕　あらかじめ、当該団体の長に協議すること

④その他（①、②以外）の派遣職員の身分取扱い
　　⮕　派遣した団体（B）の職員に関する法令の適用がある

※「条例による事務処理の特例」と「事務の委託」は、26 ～ 27 ページを参照のこと

▪組織の変更及び廃止の特例（法 252 条の 6 の 2、法 252 条の 7 の 2）

脱退	◦議会の議決を経て、脱退する日の 2 年前までに、他の全ての関係団体に書面で予告することにより、脱退が可
規約の変更	◦脱退予告を受けた関係団体は、予告した団体が脱退する時までに、必要な規約の変更をすること
予告の撤回	◦予告の撤回は、他の全ての関係団体が議会の議決を経て同意した場合に限り可 ◦予告の撤回の同意を求める団体は、あらかじめ当該団体の議会の議決を経ること
告示	◦脱退した団体は、その旨を告示すること
組織の廃止	◦脱退により、組織の関係団体が 1 つになった場合は、その協議会又は機関の共同設置は廃止される ➡ 当該普通地方公共団体は、その旨を告示するとともに、都道府県の加入するものは総務大臣、その他のものは知事に届け出ること

この項では、特に、臨時代理制度に注目してください。長と選挙管理委員に適用される特例的な制度です。長の権限や選挙管理委員会及び議会が成立しないときとは何か、という別分野の基本的な知識も必要になりますので、総合力が試されることになります。

▪ 組織及び運営の合理化に係る関係 (法 252 条の 17 の 5)

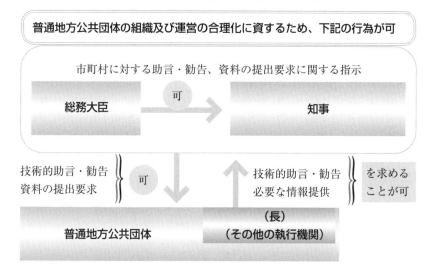

▪ 財務に係る実地検査 (法 252 条の 17 の 6)

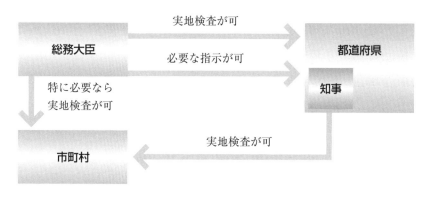

30 その他の関与等 (2)

▪ **市町村に関する調査 (法252条の17の7)**

> ◦ 総務大臣は、前ページの2つの規定による権限行使のためその他市町村の適正な運営確保に必要なら、知事に対し、市町村について特に指定する事項の調査を行うよう指示が可

▪ **臨時代理制度**

	長の臨時代理者 (法252条の17の8)	臨時選挙管理委員 (法252条の17の9〜10)
要 件	法152条の規定により長の職務を代理する者がいないとき	①当該団体の選挙管理委員会が不成立 かつ ②当該団体の議会が不成立
選任者	知事 ➡ 総務大臣 市町村長 ➡ 知事	都道府県 ➡ 総務大臣 市町村 ➡ 知事
代理者の条件	①普通地方公共団体の長の被選挙権を有する かつ ②当該団体内に住所を有する	特になし
権限等	①当該団体の長が選挙され、就任するまで、長の権限に属するすべての職務を行う ②代理者により、選任・任命された職員は、長が選挙され、就任したら失職する	給与は、当該団体の選挙管理委員の例により定める

31 大都市等に関する特例 (1)

大都市等は普通の市とどう違うのか、という疑問に答えてくれる分野です。それぞれの段階に応じて、与えられる権能もレベルアップしていきます。指定都市では、区の設置についても見ておいてください。

▪ 大都市に関する特例

> 指定都市…政令で指定する人口50万以上の市（法252条の19）

❶権　能（法252条の19）

◦ 下記の事務のうち、都道府県が法令により処理することとされているものの全部又は一部を処理することができる

a	児童福祉に関する事務	j	母子保健に関する事務
b	民生委員に関する事務	k	介護保険に関する事務
c	身体障害者の福祉に関する事務	l	障害者の自立支援に関する事務
d	生活保護に関する事務	m	食品衛生に関する事務
e	行旅病人及び行旅死亡人の取扱いに関する事務	n	精神保健及び精神障害者の福祉に関する事務
f	社会福祉事業に関する事務	o	結核予防に関する事務
g	知的障害者の福祉に関する事務	p	難病の患者に対する医療等に関する事務
h	母子家庭・父子家庭・寡婦の福祉に関する事務	q	土地区画整理事業に関する事務
i	老人福祉に関する事務	r	屋外広告物の規制に関する事務

◦ 指定都市が事務処理をするに当たり、都道府県との関係は以下の通り

都道府県の知事、委員会の許可・認可・承認などの
処分を要するものの場合

↓

処分を要しない又は各大臣の処分を要するものに代える

都道府県の知事、委員会の改善・停止・制限・禁止などの
命令を受けるものの場合

↓

命令に関する法令の規定を適用せず又は各大臣の命令を受ける

---

❷区の設置 (法252条の20)

◦ 条例で、区域を分けて区を設ける
◦ 区の事務所又は必要あれば出張所を置く
　➡ 位置、名称、所管区域、区の事務所の分掌事務は、条例で定める
◦ 区に事務所の長として区長を置く
◦ 区長又は区の事務所の出張所の長は、当該団体の長の補助機関である
　職員をもって充てる
◦ 区に選挙管理委員会を置く
◦ 必要があれば条例で、区ごとに区地域協議会の設置が可
　(地域自治区が設けられる区には、区地域協議会を設けないことが可)
◦ 地域自治区を設けるときは、区の区域を分けて定めること

❸総合区の設置（法252条の20の2）

- 行政の円滑な運営を確保するため必要なら、市長の権限に属する事務のうち、特定の区の区域内に関するものを、総合区長に執行させるため、条例で、区に代えて総合区を設けることが可
- 総合区の事務所又は必要ならその出張所を置くことが可
  - ➡ 位置、名称、所管区域、分掌事務は条例で定めること
- 総合区に選挙管理委員会を置く

【総合区長】

- 総合区にその事務所の長として、総合区長を置く
  - ➡ 市長が議会の同意を得て選任、任期4年（ただし、市長によって任期中の解職が可）
- 総合区の事務所又はその出張所の職員を任免する
  ※ただし、指定都市の規則で定める主要な職員を任免する場合は、あらかじめ、市長の同意を得ること
- 総合区長に事故があるとき又は欠けたとき
  - ➡ 総合区の事務所の職員のうち、総合区長があらかじめ指定する者が職務を代理する
- 歳入歳出予算のうち、総合区長の執行事務に係る部分に関し必要があるとき
  - ➡ 市長に対し意見を述べることが可
- 総合区長の執行事務
  - a 総合区の区域に係る政策・企画を司る
  - b 総合区の区域内に関するもので、次に掲げるものの事務執行について、当該指定都市を代表する
    （ただし、法令に特別の定めがあれば、この限りではない）
    - ア 総合区の区域に住所を有する者の意見を反映させて、総合区の区域のまちづくりを推進する事務
    - イ 総合区の区域に住所を有する者相互間の交流促進の事務
    - ウ 社会福祉・保健衛生に関する事務のうち、総合区の区域に住所を有する者に対して、直接提供される役務に関する事務
    - エ 上記ア～ウに掲げるほか、主として総合区の区域内に関する事務で条例で定めるもの

❹指定都市都道府県調整会議 (法252条の21の2)

①指定都市及び包括都道府県は、事務処理について必要な協議を行うため、指定都市都道府県調整会議を設ける

指定都市を包括する都道府県

構成員

指定都市の市長、包括都道府県の知事

● 1　指定都市の市長、包括都道府県の知事は、必要なら協議して、次に掲げる者を構成員に加えることが可

ア　指定都市の市長以外の指定都市の執行機関が、当該執行機関の委員長（教育長含む）、委員、当該執行機関の事務を補助する職員又は管理に属する機関の職員のうちから選任した者

イ　指定都市の市長が、その補助機関である職員のうちから選任した者

ウ　指定都市の議会が、当該指定都市の議会の議員のうちから選挙により選出した者

エ　包括都道府県の知事以外の包括都道府県の執行機関が、当該執行機関の委員長（教育長含む）、委員、当該執行機関の事務を補助する職員又は管理に属する機関の職員のうちから選任した者

オ　包括都道府県の知事が、その補助機関である職員のうちから選任した者

カ　包括都道府県の議会が、当該包括都道府県の議会の議員のうちから選挙により選出した者

キ　学識経験者

● 2　指定都市の市長又は包括都道府県の知事は、それ以外の執行機関の権限に属する事務処理について、指定都市都道府県調整会議における協議を行う場合には、その会議に、当該執行機関が、当該執行機関の委員長（教育長含む）、委員、当該執行機関の事務を補助する職員又は管理に属する機関の職員のうちから選任した者を、構成員に加えるものとする

②指定都市の市長又は包括都道府県の知事は、地方自治法2条6項又は14項の趣旨を達成するために必要なら、お互いの事務について、相手に対して、指定都市都道府県調整会議で協議を行うことを求めることが可

> 法2条6項
>   都道府県及び市町村は、その事務処理に当たっては、相互に競合することは不可
> 法2条14項
>   地方公共団体は、その事務処理に当たっては、住民福祉の増進に努めるとともに、最少の経費で最大の効果を挙げるようにしなければならない

上記の求めを受けた指定都市の市長又は包括都道府県の知事は、求めに係る協議に応じなければならない

③地方自治法に定めるもののほか、指定都市都道府県調整会議に必要な事項は、指定都市都道府県調整会議で定める

❺指定都市と包括都道府県の間の協議に係る勧告（法252条の21の3）

①指定都市の市長又は包括都道府県の知事は、相手に対して、指定都市都道府県調整会議で協議を行うよう求める場合、協議を調えるため必要なら、総務大臣に対し、文書で、必要な勧告を行うよう求めること（勧告の求め）が可

> ◎総務大臣の同意を得れば、勧告の求めの取り下げが可

勧告の求めをしようとするときは、あらかじめ、
・当該団体の議会の議決を経ること
・相手方の団体の長（市長又は知事）に、その旨を通知すること

②総務大臣は、勧告の求めがあった場合は、

ア　国の関係行政機関の長に通知する

　　　⬇

通知を受けた国の関係行政機関の長は、総務大臣に対し、文書で、意見を申し出ることが可

　　　⬇

総務大臣は、意見の申出があったときは、指定都市都道府県勧告調整委員に通知する

イ　指定都市都道府県勧告調整委員を任命し、勧告について意見を求めること

　　　⬇

意見が述べられたときは、遅滞なく、指定都市の市長及び包括都道府県の知事に対し、地方自治法2条6項又は14項の趣旨を達成するために必要な勧告をするとともに、勧告内容を国の関係行政機関の長に通知し、これを公表すること

❻指定都市都道府県勧告調整委員（法252条の21の4）

- 指定都市都道府県勧告調整委員は、
  上記❺の勧告の求めによる総務大臣からの意見の求めに応じ、意見を述べる
- 委員は3人で非常勤、事件ごとに、優れた識見を有する者のうちから、総務大臣が任命する
- 勧告の求めが取り下げになったとき、又は勧告事項に関し意見を述べたときは、失職する
- 総務大臣は、委員が当該事件に直接利害関係を有することとなったときは、当該委員を罷免すること

▪中核市に関する特例

> 中核市…政令で指定する人口20万以上の市（法252条の22）

❶権　能（法252条の22）

- 指定都市が処理することができる事務のうち、政令で定めるものを処理することが可
- 中核市が事務処理をするに当たり、法令の定めで都道府県知事の改善・停止・制限・禁止などの命令を受けるものの場合
    ➡　命令に関する法令の規定を適用せず、又は各大臣の命令を受ける

❷中核市の指定に係る手続（法252条の24）

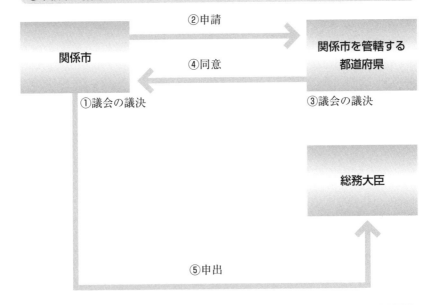

❸指定都市の指定があった場合の取扱い（法252条の26）

> 中核市の指定は効力を失う

この項は、外部監査契約制度全般の概要を押さえ、包括外部監査契約へ進みましょう。個別外部監査契約は、条文を読むだけでは、まず理解不能ですので、図表をもとにポイントを整理してください。条文の読み替え規定をいちいち追うのは、時間の無駄です。

- 外部監査契約 (法 252 条の 27、252 条の 39 〜 43)

❶包括外部監査契約

都道府県、政令で定める市、それ以外の市町村が、自治法 2 条 14 項（最少経費で最大効果）、15 項（組織・運営の合理化）の趣旨を達成するため、自治法の定めにより、監査を行う者と締結するもの

❷個別外部監査契約

監査委員の監査に代えて契約に基づく監査によることができることを条例で定める普通地方公共団体が、次の a 〜 e に掲げる請求又は要求について、その監査を行う者と締結するもの

  a 事務監査請求（直接請求）
  b 議会からの監査請求
  c 長からの監査請求
  d 長からの財政援助団体等の監査請求
  e 住民監査請求

- 外部監査契約を締結できる者 (法 252 条の 28 ①〜②)

普通地方公共団体が外部監査契約を締結できる者

 → **普通地方公共団体の財務管理ほか行政運営に関し優れた識見を有する者**

ア 弁護士 **資格を有する者を含む**
イ 公認会計士

ウ 国の行政機関での会計検査事務従事者又は地方公共団体での監査、財務事務の従事者で、監査実務に精通している者として政令で定める者
エ 必要なら税理士（資格を有する者を含む）でも可

▪ **外部監査契約を締結できない者（法252条の28③）**

> 普通地方公共団体は、次のいずれかに該当するものと外部監査契約を締結
> してはならない

ア　禁錮以上の刑に処せられ、その執行を終わり、又は受けることがなくなっ
　　てから3年を経過しない者

イ　破産手続開始の決定を受けて復権を得ない者

ウ　国家公務員法又は地方公務員法により懲戒免職処分を受け、当該処分日
　　から3年を経過しない者

エ　法律により、弁護士会からの除名、公認会計士の登録抹消、税理士の業
　　務禁止になった者で、これらの処分を受けた日から3年を経過しないも
　　の（法律の規定で、再び業務を営むことができることとなった者を除く）

オ　懲戒処分により、弁護士、公認会計士、税理士の業務を停止された者で、
　　現にその処分を受けているもの

カ　当該団体の議会の議員

キ　当該団体の職員

> a　常勤職員
> b　短時間勤務職員
> （自治令174条の
> 　49の22）

ク　当該団体の職員で政令で定めるものであった者

ケ　当該団体の長、副知事・副市町村長、会計管理者、監査委員と親子、夫婦、
　　兄弟姉妹の関係にある者

コ　当該団体に対し請負（外部監査契約は除く）をする者及びその支配人、
　　又は主として同一の行為をする法人の無限責任社員、取締役、執行役、
　　監査役、これらに準ずべき者、支配人、清算人

▪ **外部監査人に関する各種規定**

❶特定事件についての監査の制限 (法252条の29)

外部監査人は、自己、配偶者、2親等以内の親族の ｜ a 一身上に関する事件、b 従事する業務に直接利害関係のある事件 ➡ 監査不可

❷監査委員との関係 (法252条の30)

∘監査実施の通知等、相互の連絡を図ること
∘監査委員の監査に支障をきたさぬよう配慮すること

外部監査人 ➡ ⬅ **監査委員**

∘外部監査人の監査に支障をきたさぬよう配慮すること

❸外部監査人の義務 (法252条の31)

①善良な管理者の注意をもって、誠実に監査を行う
②公正不偏で、自らの判断と責任において監査する
③知り得た秘密の保持 (退任後も同様)
　➡ 違反者は、2年以下の懲役又は100万円以下の罰金
④監査事務に関しては、刑法その他の罰則の適用について、法令により公務従事職員と見なす

❹監査の事務補助 (法252条の32)

∘あらかじめ協議 (監査委員は合議)　∘直ちに告示

外部監査人 ➡ **監査委員** ➡ 補助者の氏名・住所期間

∘補助不要になったら、速やかに通知

∘補助をさせること可 (監督義務あり)　∘その旨告示

補助者
∘守秘義務あり (退任後も同様)
　➡ 違反者は、2年以下の懲役又は100万円以下の罰金
∘監査事務の補助に関しては、刑法その他の罰則の適用について、法令により公務従事職員と見なす

❺外部監査人の監査への協力（法 252 条の 33）

議会、長その他の執行機関、職員

- 監査の適正かつ円滑な遂行に協力するよう努めること

代表監査委員

- 監査委員の事務に支障のない範囲内において、監査委員の事務局長、書記その他の職員、監査専門委員等を、外部監査人の監査に協力させることが可

❻議会による説明要求又は意見陳述（法 252 条の 34）

外部監査人に対し、必要なら可
（説明要求は、外部監査人であった者に対しても可）

❼外部監査契約の解除（法 252 条の 35）

長が下記の場合に行う

外部監査人の該当事項	契約の扱い
①契約を締結できる者でなくなったとき	契約を解除すること
②契約を締結できない者になったとき	
③心身の故障で監査の遂行に堪えない	契約を解除することが可
④法令・義務違反等、契約締結が著しく不適当	

◎③〜④の場合は、長はあらかじめ監査委員の意見（合議）を聴くとともに、その意見を付けて議会の同意を得ること
◎外部監査人の側から、外部監査契約を解除しようとするときは、長の同意を得ること
➡　この場合、長はあらかじめ監査委員の意見（合議）を聴くこと
◎契約解除に至ったら、長は直ちにその旨を告示し、遅滞なく、新たな外部監査契約を締結すること
◎契約解除は、将来に向かってのみ、その効力を生ずる

・包括外部監査契約

❶包括外部監査契約対象団体
（法252条の36①〜②、自治令174条の49の26）

> 下記の普通地方公共団体の長は、毎会計年度、速やかに締結すること
>> ①都道府県
>> ②政令で定める市（指定都市・中核市）
>
> 上記②以外の市町村で、契約に基づく監査を受けることを条例で定めたもの
>
> 下記の長は、条例で定める会計年度において、速やかに締結すること
>> 一部事務組合、広域連合は②以外の市町村と見なす（法252条の45）

❷契約に関する規定（法252条の36）

> 契約には、あらかじめ監査委員の意見（合議）を聴き、議会の議決を経ること
>
> 連続して4回、同一の者と契約を締結することは不可
>
> 契約事項
>> a　契約期間の始期
>> b　監査に要する費用の額の算定方法
>> c　その他監査のため必要な事項として政令で定めるもの
>
> 長は、契約を締結したら直ちに告示すること
>
> 契約期間の終期
>> 契約に基づく監査を行うべき会計年度の末日
>> （契約の期間を十分確保するよう努めること）

❸包括外部監査人の監査（法252条の37〜38）

> 自治法2条14項（最少経費で最大効果）、15項（組織・運営の合理化）の趣旨達成に必要な特定事件について監査する
>> 監査に当たっては、監査対象団体が当該趣旨にのっとっているかどうかに、特に意を用いること
>
> 契約期間内に、少なくとも1回以上、上記規定による監査をすること

包括外部監査対象団体は、下記のもので、包括外部監査人が必要と認める
ときは、監査することができることを条例により定めることが可

①団体が財政的援助を与えているものの出納その他の事務執行で、当
該援助に係るもの

②団体が出資しているもので、政令で定めるものの出納その他の事務
執行で、当該出資に係るもの

③団体が借入金の元金又は利子の支払を保証しているものの出納その
他の事務執行で、当該保証に係るもの

④団体が受益権を有する信託で、政令で定めるものの受託者の出納そ
の他の事務執行で、当該信託に係るもの

⑤団体が公の施設の管理を行わせているものの出納その他の事務執行
で、当該管理の業務に係るもの

[包括外部監査の流れ]

②監査結果の報告（必要なら意見の添付が可）

包括外部監査人　　　　　　　　　　**監査委員**

①監査の実施

②監査結果の報告
（必要なら意見の添付が可）

③監査報告
の公表

**監査対象団体の議会、長、
関係ある委員会、委員**　⑤監査をもとに　⑥通知　⑦通知事項
措置を講じた場合　　　　　の公表

④必要なら意見の提出が可

包括外部監査人は必要なら、監査委員（合議）と協議して、下記をするこ
とが可

a　関係人の出頭要求

b　関係人の調査

c　関係人の帳簿、書類その他の記録の提出要求

d　学識経験者等からの意見聴取

- **個別外部監査契約（法252条の27③）**

①事務監査請求（直接請求）
②議会からの監査請求
③長からの監査請求
④長からの財政援助団体等の監査請求
⑤住民監査請求

監査委員の監査に代えて契約に基づく監査によることができることを条例で定める団体の各機関は、その旨求めることが可

◎②〜⑤は、特に必要と認めるとき、理由を付して求めること
　（②の場合は、議会はあらかじめ監査委員の意見を聴くこと）
◎個別外部監査契約は、必ず条例の根拠を要する
◎②〜④の個別外部監査契約による監査請求に係る事項
　➡ 監査委員は、監査を行わない

❶事務監査請求（法252条の39）

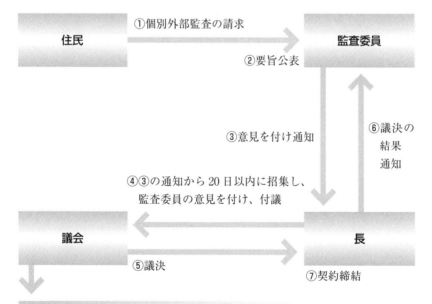

①個別外部監査の請求
②要旨公表
③意見を付け通知
④③の通知から20日以内に招集し、監査委員の意見を付け、付議
⑤議決
⑥議決の結果通知
⑦契約締結

住民　監査委員　議会　長

個別外部監査請求を議会が否決したら、初めから通常の
事務監査請求であったと見なして監査委員監査を行う

◎①については、広域連合の直接請求にも準用する
◎⑦は、当該個別外部監査契約を、包括外部監査人とする場合
　には不要（ただし、契約締結したら議会に報告すること）

契約事項（長は、契約締結したら告示する）

- a 事務監査請求に係る個別外部監査の請求に係る事項
- b 契約期間
- c 監査に要する費用の額の算定方法
- d その他監査のため必要な事項として政令で定めるもの

［事務監査請求に係る個別外部監査の流れ］

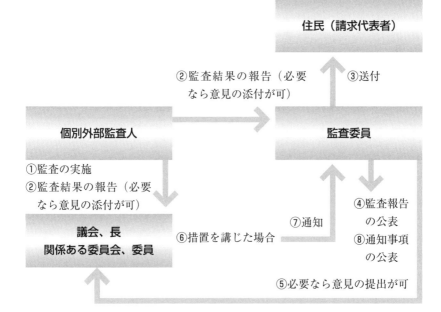

個別外部監査人は必要なら、監査委員（合議）と協議して、下記をすることが可

- a 関係人の出頭要求
- b 関係人の調査
- c 関係人の帳簿、書類その他の記録の提出要求
- d 学識経験者等からの意見聴取

❷議会の監査請求 (法252条の40)

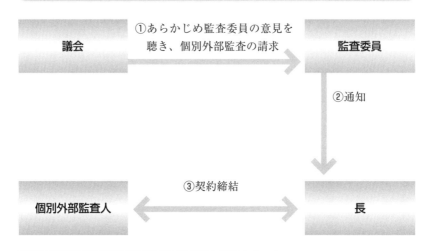

その他細目については、
おおむね「❶事務監査請求」を準用

❸長の監査請求 (法252条の41)

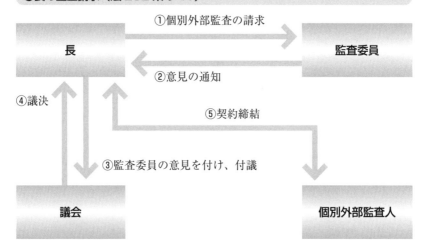

その他細目については、
おおむね「❶事務監査請求」を準用

❹長からの財政援助団体等の監査請求（法252条の42）

おおむね「❸長の監査請求」を準用

❺住民監査請求（法252条の43）

①個別外部監査の請求

| 住民
（請求人） | → | 監査委員 |

④長に通知した旨の通知

②決定

③請求日から20日以内に通知※

⑤契約締結

| 個別外部監査人 | ← | 長 |

⑥請求日から90日以内に
監査の決定及び勧告

※監査委員が請求日から20日以内に長に通知しないときは、請求は初めから通常の住民監査請求であったものと見なす（監査委員は、監査結果の通知をするとき、併せて長に通知しなかった理由を書面で請求人に通知し、公表すること）

❶～❺の監査委員の
意見・決定は
合議による

❶～❺の契約締結は、
あらかじめ監査委員の意見を
聴き、議決を経ること

特別区、一部事務組合、広域連合が特に重要です。特別区は、基本的には市に準じますが、都との役割分担、特別区財政調整交付金、都区協議会など独自の制度があることを踏まえてください。その他、それぞれの団体の仕組み、特徴を把握しましょう。

▪ 特別区…都の区は、これを特別区という (法 281 条)

❶事務処理 (法 281 条)

法令により、都が処理することとされているものを除き、

地域における事務

その他の事務で、法令により

∘ 市が処理することとされるもの
∘ 特別区が処理することとされるもの
　＝一般市の事務とされていないもの
　EX：保健所設置市の事務、競馬を施行する事務

＞を処理する

❷都と特別区の役割分担の原則 (法 281 条の 2)

事務処理に当たっては、相互に競合しないようにすること

[都]

特別区を包括する広域の地方公共団体として、下記の事務を処理する

a　都道府県が処理するものとされている事務
（広域事務、市町村に関する連絡調整事務、規模・性質上で市町村に不適な事務）

b　特別区に関する連絡調整事務

c　市町村が処理するものとされている事務のうち、人口が高度に集中する大都市地域における行政の一体性・統一性確保の観点から、当該区域を通じて都が一体的に処理することが必要と認める事務

[特別区]

基礎的な地方公共団体として、都が一体的に処理するものとされている事務を除き、一般的に市町村が処理するものとされている事務を処理する

❸特別区の廃置分合・境界変更

地方自治法7条（市町村の廃置分合・境界変更）は、適用しない
（法281条の3）

［特別区の場合］（法281条の4）

➡　財産処分を要する場合は、関係団体の協議（要議決）によること

①市町村の廃置分合・境界変更を伴わない特別区の廃置分合・境界変更

関係特別区の申請に基づき、都知事が都議会の議決を経て定め、総務大臣に直ちに届出

→　総務大臣は直ちに告示・国の関係行政機関の長に通知

特別区の廃置分合のときは、都知事はあらかじめ総務大臣に協議し、同意を得ること

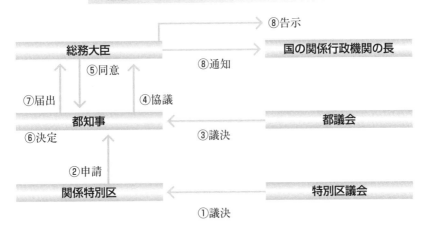

②都と道府県との境界にわたる特別区の境界変更

関係特別区・関係普通地方公共団体の申請に基づき、総務大臣がこれを定める

⟶ 総務大臣は直ちに告示・国の行政機関の長に通知

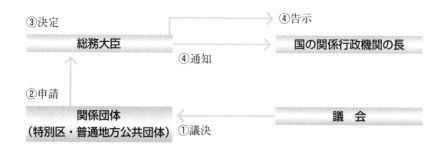

③都内の市町村区域の全部又は一部による特別区の設置

当該市町村の申請に基づき、都知事が都議会の議決を経て定め、総務大臣に直ちに届出

⟶ 総務大臣は直ちに告示・国の関係行政機関の長に通知
（都知事はあらかじめ総務大臣に協議し、同意を得ること）

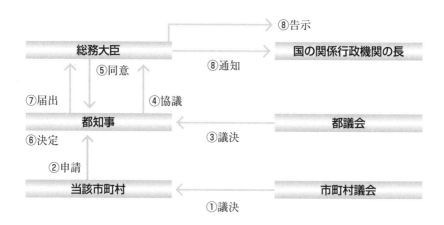

④都内の市町村の廃置分合・境界変更を伴う特別区の境界変更で、市町村の設置を伴わないもの

関係特別区・関係市町村の申請に基づき、都知事が都議会の議決を経て定め、総務大臣に届出

総務大臣は直ちに告示・国の関係行政機関の長に通知
（都知事はあらかじめ総務大臣に協議し、同意を得ること）

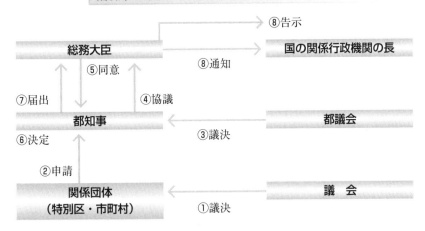

❹特別区の議員定数（法91条①、法283条）

議会の議員の定数は、条例で定める

❺都と特別区及び特別区相互間の調整（法281条の6）

都知事は、特別区の事務処理の基準を示す等必要な助言・勧告が可

❻特別区財政調整交付金（法282条）

都は政令の定めにより、条例で、特別区財政調整交付金を交付する

| 目的 | a 都・特別区並びに特別区相互間の財源の均衡を図るため |
| | b 特別区の行政の自主的かつ計画的な運営を確保するため |

地方税法5条2項（市町村が課すことができる税目）のうち、都が課するものの収入額等に、条例で定める割合を乗じて得た額で、特別区がひとしくその行うべき事務を遂行できるよう都が交付するもの

交付金に関する事項について

◦都は、政令の定めにより、総務大臣に報告すること
◦総務大臣は、必要な助言又は勧告が可

❼都区協議会 (法282条の2)

都及び特別区の事務処理について、都と特別区及び特別区相互間の連絡調整を図るため、都及び特別区をもって都区協議会を設ける（必置）

特別区財政調整交付金に関する条例を制定する場合

→ 都知事は、あらかじめ都区協議会の意見を聴くこと

その他、都区協議会に関し必要な事項は政令で定める

[地方自治法施行令第210条の16]

組　織

委員16人

a　都知事

b　都知事が補助機関たる職員のうちから指名する者
7人

c　特別区の区長がその中から協議により指名する者
8人…任期2年
（補欠委員の任期は、前任者の残任期間）

会長（都区協議会を代表）は、委員の互選により定める
→ (会長が事故又は欠けたとき、会長があらかじめ指定する委員が職務代理)

協力要請

必要あるときは、公の機関の長に対し、求めることが可

経　費

都区協議会の経費は、都及び特別区が支弁する

その他

政令で定めるほか、都区協議会に関し必要な事項は、都区協議会が定める

❽市に関する規定の適用 (法283条)

地方自治法又は政令で特別の定めをするものを除くほか、地方自治法第2編（普通地方公共団体）及び第4編（補則）中、市に関する規定は、特別区に適用する

▪地方公共団体の組合

❶種類及び設置（法284条）

①一部事務組合　普通地方公共団体・特別区は設置が可。知事は、公益上必
②広域連合　要なら、関係市町村・特別区に設置勧告が可（法285条の2）

。普通地方公共団体・特別区の事務の一部の共同処理を目的とする

。市町村・特別区は、<u>複合的一部事務組合</u>の設置も可（法285条）

➡　同一種類ではない事務を共同処理する組合

。各種組合の設置手続（法284条、290条）

| 関係団体の議会の議決 | → | 関係団体の協議 | → | 規約の制定 | → | 設 置 |

都道府県加入なら総務大臣
その他なら知事　　➡　の許可を得ること

総務大臣は、広域連合の許可をしようとするときは、
国の関係行政機関の長に協議すること（法284条④）

❷一部事務組合 (法284条、286～291条)

組　織　(法287条)

議会の議員 管理者 その他の職員	→	地方自治法の兼職禁止規定に関わらず、当該組合の構成団体の議会の議員、長、その他の職員と兼ねることが可

◎複合的一部事務組合には、規約により管理者に代え、理事で組織する理事会を置くことが可 (法287条の3②)

　　◦理事は、当該組合を組織する団体の長又は長がその団体の議会の同意を得て、当該団体の職員のうちから指名する者をもって充てる (法287条の3③)

管理者又は理事会による議決事件の通知　(法287条の4)

a　政令で定める重要事件の議決を求める際、 　　あらかじめその内容	} を構成団体の長に 通知すること
b　議決結果	

解　散　(法288条)

構成団体の 議会の議決	→	構成団体の 協議	→	解　散

都道府県加入なら総務大臣 その他なら知事	に届出をすること

◎財産処分を要するときは、関係団体の協議 (要議決) によること (法289条)

組織、事務、規約の変更（法286条）
　設置、解散手続の例により、組織、事務の変更なら許可を受けること。規約の変更なら許可を受けること又は届出をすること

経費分賦に関する異議（法291条）
　経費分賦に違法又は錯誤があると認めるときは異議の申出が可

［異議の申出の流れ］

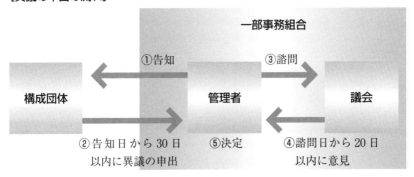

❸組織の変更及び廃止の特例（法286条の2）

。一部事務組合を組織する地方公共団体（以下「構成団体」という）

脱退	・議会の議決を経て、脱退する日の2年前までに、他の全ての構成団体に書面で予告することにより、脱退が可
規約の変更	・脱退予告を受けた構成団体は、予告した団体が脱退する時までに、必要な規約の変更をすること
予告の撤回	・予告の撤回は、他の全ての構成団体が議会の議決を経て同意した場合に限り可 ・予告の撤回の同意を求める団体は、あらかじめ当該団体の議会の議決を経ること
組織の廃止	・脱退により、組織の構成団体が1つになった場合は、その一部事務組合は解散する ➡当該構成団体は、都道府県の加入するものは総務大臣、その他のものは知事に届け出ること

❹特例一部事務組合（法287条の2）

> ○一部事務組合は、規約で定めるところにより、当該一部事務組合の
> 議会を構成団体の議会をもって組織することが可
> ➡ 特例一部事務組合

管理者と議会	○特例一部事務組合の管理者は、法令により一部事務組合の管理者が一部事務組合の議会に付議することとされている事件があるとき ➡ 構成団体の長を通じて、当該事件に係る議案を、全ての構成団体の議会に提出すること ○特例一部事務組合の議会の議決は、当該議会を組織する構成団体の議会の一致する議決によること
構成団体の議会と長の役割	○管理者から議案の提出を受けた構成団体の議会は、当該事件を議決するものとする ○構成団体の長は、上記の議決があったとき ➡ 当該構成団体の長を通じて、議決の結果を特例一部事務組合の管理者に送付すること
議会への通知・報告・提出・勧告	○法令により一部事務組合の執行機関が一部事務組合の議会に通知・報告・提出・勧告することとされている事項 ➡ 当該特例一部事務組合の執行機関が、構成団体の長を通じて、全ての構成団体の議会に通知・報告・提出・勧告すること
監査委員の事務	○法令による一部事務組合の監査委員の事務 ➡ 規約で定める構成団体の監査委員が行うものとすることが可

❺広域連合（法284条、291条の2〜13）

設置

①広域処理が適当な事務に関し、広域計画の作成
②事務の管理・執行につき、広域計画実施のために必要な連絡調整
③事務の一部を広域にわたり総合的かつ計画的に処理

という目的のため、協議により規約を定め、設置が可

参考 自治法 Play Back

◦「地方公共団体の種類」については、14ページ参照
◦「特別地方公共団体」には、かつて下記の種類があったが、地方自治法の
　一部を改正する法律（平23法35）により、規定が削除された

　①地方公共団体の組合としての「全部事務組合」
　②地方公共団体の組合としての「役場事務組合」
　③地方開発事業団

　※なお、③については法改正時点での既存団体（1団体）の存続は認め
　　られている

特別地方公共団体 (6)

（法 291 条の 4）

| 議会の議員 長 その他の職員 | → | 地方自治法の兼職禁止規定に関わらず、当該広域連合を組織する団体の議会の議員、長、その他の職員と兼ねることが可 |
| | → | 規約により管理者に代えて理事で組織する理事会を置くことが可 （法 291 条の 13） |

議会の議員、長の選挙 （法 291 条の 5）
政令で特別の定めをするものを除くほか、規約により下記の方法で行う

①議員	a　広域連合の選挙人の投票
	b　広域連合の関係団体の議会での選挙
②長	a　広域連合の選挙人の投票
	b　広域連合の関係団体の長が投票

※「広域連合の選挙人」…広域連合を組織する団体の有権者のこと

一部事務組合の議決事件の通知に関する規定は、広域連合に準用
（法 291 条の 13）

組織、事務、規約の変更 （法 291 条の 3）
一部事務組合の例により、許可を受けること又は届出をすること

直接請求 （法 291 条の 6）
普通地方公共団体の規定を準用。そのほかにも、広域連合の選挙人は、その総数の 1/3 以上の連署で、連合の長へ規約の変更を要請するよう請求が可
　◎有権者総数が 40 万を超え 80 万以下の場合→〔（その 40 万を超える数×1/6）＋（40 万×1/3）〕以上の連署
　◎有権者総数が 80 万を超える場合→〔（その 80 万を超える数×1/8）＋（40 万×1/6）＋（40 万×1/3）〕以上の連署

⟶　長は直ちに要旨を公表し、規約の変更を関係団体に要請すること

⟶　関係団体はこの要請を尊重し、必要措置を執ること

事務処理権限の委譲（法291条の2）

◦ 国は、行政機関の長の権限に属する事務のうち、広域連合に関連する事務を法令により、当該広域連合が処理することとすることが可

◦ 都道府県は、その執行機関の権限に属する事務のうち、都道府県未加入の広域連合に関連する事務を条例で、当該広域連合が処理することとすることが可

都道府県加入の広域連合の長は
➡ 国の行政機関の長に
都道府県未加入の広域連合の長は
➡ 都道府県に

議会の議決を経て、関連事務の処理権限の委譲要請が可

広域計画（法291条の7）

◦ 広域連合設置後、速やかに議決を経て作成すること

◦ 広域連合及び関係団体は、広域計画に基づき事務を処理すること

◦ 広域連合の長は、計画実施に支障あり又は支障のおそれありと認めれば、議決を経て、関係団体に対し、必要措置を講ずべきことを勧告することが可
⟶ 勧告に基づく措置について、報告を求めることが可

広域連合の協議会（法291条の8）

広域連合の条例で設置が可、構成員は当該広域連合の長（理事会）が任命する

広域連合の分賦金（法291条の9）

◦ 関係団体の人口、面積、地方税の収入額、財政力その他の客観的指標に基づくこと

◦ 関係団体は、分賦金が定められたら、必要な予算上の措置をすること

◦ 経費分賦に関する異議は、おおむね一部事務組合と同様である（法291条の12）

解散 （法 291 条の 10 〜 11）

```
関係団体の        関係団体の
議会の議決    →    協議      →    解 散
```

```
都道府県加入なら総務大臣
その他なら知事            の許可を得ること
```

◎財産処分を要するときは、関係団体の協議（要議決）によること

許可の際の規定

[総務大臣の許可の場合]

```
                    ①協議
総務大臣    →→→→→→→→→→→→    国の関係行政
                                機関の長
                    ③通知
②許可の決定、告示
```

[知事の許可の場合]

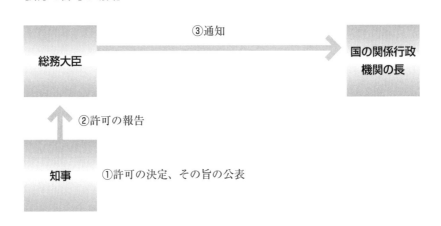

```
                    ③通知
総務大臣    →→→→→→→→→→→→    国の関係行政
                                機関の長
  ↑
  ②許可の報告

知事    ①許可の決定、その旨の公表
```

- 財産区

❶設　置（法294条）

市町村・特別区の区域の一部で、財産を有し若しくは公の施設を設けるもの（2団体にまたがることはない）

権能は、財産又は公の施設の管理・処分・廃止に限られる

財産又は公の施設に要する経費は、財産区の負担とする

地方公共団体は、財産区の収入・支出について、会計を分別すること

❷運営の基本原則（法296条の5）

住民福祉を増進するとともに、財産区のある市町村又は特別区との一体性を損なわないように努めること

財産区のある団体は、財産区と協議して、当該財産又は公の施設から生ずる収入の全部又は一部を、当該団体の事務経費の一部に充てることが可

この場合、当該団体は、その充当した金額の限度において、財産区の住民に対し、不均一の課税又は不均一の徴収をすることが可

❸財産区に係る知事の関与（法296条の6）

知事は必要あれば、財産区の事務処理について
a　市町村長又は特別区長に報告若しくは資料の提出を求めることが可
b　監督することが可

可

財産区の事務に関し、市町村・特別区の長、議会、財産区の議会・総会・財産区管理会の相互間に紛争があれば、知事は当事者の申請又は職権により裁定が可

❹組　織

[原　則]

固有の議会、執行機関、監査委員を持たず、財産区のある当該団体の議会、執行機関、監査委員がこれを担う

[特例1　財産区の議会又は総会（法295〜296条）]

知事は必要なとき、財産区の議会又は総会を設置することが可

地方自治法第2編中、町村議会に関する規定を準用

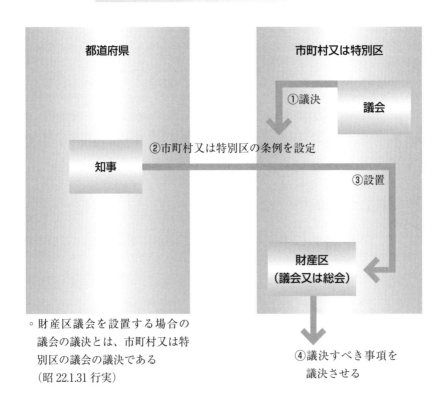

都道府県

市町村又は特別区

①議決　　議会

②市町村又は特別区の条例を設定

知事

③設置

財産区
（議会又は総会）

。財産区議会を設置する場合の議会の議決とは、市町村又は特別区の議会の議決である
（昭22.1.31 行実）

④議決すべき事項を議決させる

[特例2　財産区管理会（法296条の2〜4）]

市町村及び特別区は、条例で財産区に財産区管理会を置くことが可
（廃置分合又は境界変更で財産処分を要するときは、その協議で設置が可）

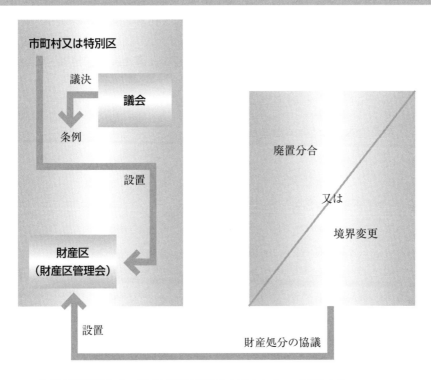

◎財産区管理会は、財産区管理委員7人以内をもって組織する
◎委員は非常勤とし、任期は4年とする
◎財産区の議会又は総会を設ける場合には、財産区管理会の設置が不可

財産区管理会の権能

① 同意権

当該団体の長は、財産区の財産又は公の施設の管理・処分・廃止で、条例又は協議で定める重要事項について、財産区管理会の同意を得ること

② 事務受任権

当該団体の長は、財産区の財産又は公の施設の管理に関する事務の全部又は一部を、財産区管理会の同意を得て、財産区管理会又は財産区管理委員に委任することが可

③ 監査権

財産区管理会は、当該財産区の事務処理について監査することが可

その他もろもろの分野ですが、特に、地縁による団体と特別法の住民投票に注目です。なお、ここで取り上げたのは、法第2編「普通地方公共団体」の「第14章　補則」であり、第4編の「補則」ではありません。第4編は附則が中心で、特段の勉強は不要です。

▪ 所管知事の決定等 (法 253 条)

知事の権限に属する市町村に関する事件で、数都道府県にわたる場合

⤷ 関係知事の協議で、その事件を管理すべき知事を定めること可

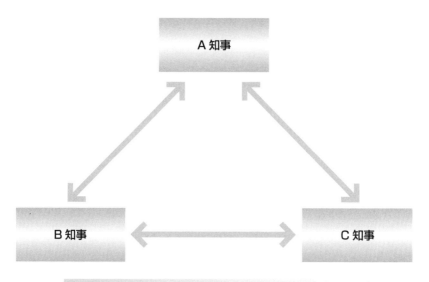

上記協議が不調なら、総務大臣が、その事件を管理すべき知事を定め、又は知事に代わって、その権限の行使が可

▪ 人口の定義 (法 254 条)

地方自治法における人口

a　官報で公示された最近の国勢調査

b　a に準ずる全国的な人口調査

｝ a 又は b の結果によること

- **法定受託事務に係る審査請求（法 255 条の 2）**

> 法定受託事務に係る処分、不作為に不服のある者
> ↳ 下記の各号に定める者に対し、審査請求が可

☆この場合において、不作為についての審査請求は、下記の各号に定める者に代えて、当該不作為の執行機関に対してすることも可

該当処分	請求先
①都道府県知事その他の都道府県の執行機関の処分	当該事務を規定する法令を所管する各大臣
②市町村長その他の市町村の執行機関の処分（下記の③〜④を除く）	都道府県知事
③市町村教育委員会の処分	都道府県教育委員会
④市町村選挙管理委員会の処分	都道府県選挙管理委員会

◎他の法律に特別の定めがある場合を除く

- **過料処分についての告知（法 255 条の 3）**

> 長が過料処分をしようとするときは、対象者にあらかじめその旨を告知するとともに、弁明の機会を与えること

34 補 則 (2)

- 違法な権利侵害の是正手続 (法 255 条の 4)
  ☆審決申請制度

②違法な権利侵害との認識

> 都道府県の機関の処分なら総務大臣、市町村の機関の処分なら知事へ
>
> 法律の定めにより、異議の申出、審査請求、再審査請求、審査の申立てが
> できる場合は除く

- 長等の失職に係る審査請求等の裁決等の手続 (法 255 条の 5)

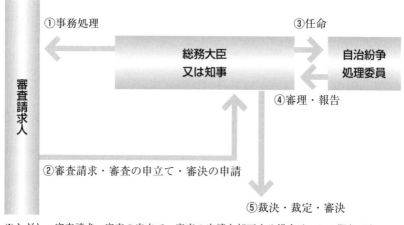

※ただし、審査請求、審査の申立て、審査の申請を却下する場合は、この限りでない

- **審査の裁決期間（法257条）**

> 地方自治法に特別の定めがある場合を除き、申立て受理日から90日以内
>> 法の規定による期間内に行われなければ、その申立て等を退ける旨の決定又は裁決があったものと見なすことが可

- **地縁による団体**

❶定　義（法260条の2①）

> 町又は字の区域その他市町村内の一定の区域に住所を有する者の地縁に基づいて形成された団体

❷認可の意義（法260条の2①）

> 地域的な共同活動を円滑に行うため、市町村長の認可を受けたときは、規約に定める目的の範囲内で権利を有し、義務を負う　➡　認可を受けた団体を「認可地縁団体」という

❸認可手続（法260条の2①～②、⑤～⑥、⑩、⑫～⑬）

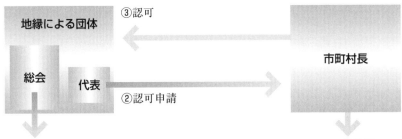

① 認可申請する旨の決定（平3.4.2通知）

> ◦ 市町村長は、申請が次ページ❹の認可要件を満たしていれば、認可すること
> ◦ 認可は、認可地縁団体を、公共団体その他の行政組織の一部とすることを意味すると解釈すること不可
> ◦ 告示によってはじめて、第三者に対抗することが可
> ◦ 何人も市長村長に対し、告示に関する証明書の交付請求が可
> 　（郵便又は信書便により、送付を求めること可）

❹認可要件（法260条の2②〜③）

①良好な地域社会の維持・形成に資する地域的な共同活動を行うことを
目的とし、現にその活動を行っていると認められること

②区域が、住民にとって客観的に明らかなものとして定められていること

③区域に住所を有するすべての個人は、構成員となることができるもの
とし、その相当数の者が現に構成員になっていること

④規約を定めていること（下記に関する事項を定めること）

a　目的
b　名称
c　区域
d　主たる事務所の所在地
e　構成員の資格
f　代表者
g　会議
h　資産

※規約に定める区域は、当該地縁による団体が相当期間にわたり
存続している区域の現況によること

❺認可地縁団体の活動規定（法260条の2⑦〜⑪）

①正当な理由がない限り、その区域に住所を有する個人の加入拒否は不可

②民主的な運営の下に、自主的に活動するものとし、構成員に対し不当
な差別的取扱いは不可

③特定の政党のために利用してはならない

④告示事項に変更があれば、市町村長に届出すること
→　市町村長は告示する

❻認可の取消し（法260条の2⑭）

①認可要件のいずれかを欠くこととなったとき

②不正な手段により認可を受けたとき

➡ 市町村長は取消しが可

❼認可地縁団体の組織

①代表者（法260条の5〜6、260条の16）

- 1人必置
- 認可地縁団体のすべての事務を代表する
 （ただし、規約違反は不可、総会の決議には従うこと）

　　事務は、規約で代表者その他の役員に委任したものを除き、すべての総会の決議によって行う

②監事（法260条の11〜12）

- 規約又は総会の決議で、1人又は数人を置くことが可
- 財産状況の監査、代表者の業務執行状況の監査を行うこと
- 上記財務については法令若しくは規約違反、又は著しい不当事項があれば総会に報告すること
- 上記報告のため必要なら、総会を招集すること

③総会（法260条の13〜14）

ア　通常総会
　　代表者は、少なくとも毎年1回開くこと

イ　臨時総会
　　代表者は、必要ならいつでも招集が可
　　総構成員の1/5以上から請求があれば、代表者は招集すること

▪特別法の住民投票（法 261 条）

> 憲法 95 条「一の地方公共団体のみに適用される特別法は、法律の定めるところにより、その地方公共団体の住民の投票においてその過半数の同意を得なければ、国会は、これを制定することができない」

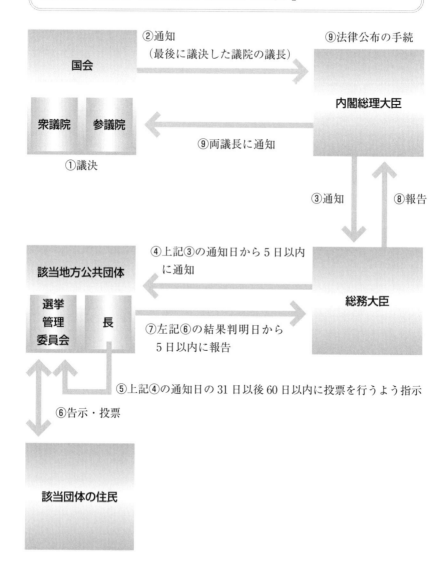

- **相互救済事業経営の委託 (法 263 条の 2)**

  ❶対　象
  - 火災、水災、震災その他の災害による財産の損害に対する相互救済

  ❷手　続
  - 普通地方公共団体は、議会の議決を経て、全国的な公益的法人に委託して、他の普通地方公共団体と共同して相互救済事業の実施が可

  ❸公益的法人の義務
  - 毎年 1 回以上定期に、事業の経営状況を関係団体の長に通知すること
  - 毎年、適当と認める新聞紙に事業の経営状況を 2 回以上掲載すること

- **長・議長の連合組織 (法 263 条の 3)**

  ❶目　的
  - 相互間の連絡の緊密化、共通問題の協議・処理

  ❷手　続
  - 連合組織の設置
    - 代表者による総務大臣への届出

  ❸届出の効果
  - 地方自治に影響を及ぼす法律・政令・その他の事項に関し、総務大臣を経由して内閣に対し意見の申出、国会に意見書の提出が可
    - 内閣は、遅滞なく回答するよう努めること
      （地方公共団体に対し新たな事務又は負担を義務付ける国の施策に関するものなら、これに遅滞なく回答すること）

  ❹各大臣の措置
  - 各大臣は、担任する事務に関し、地方公共団体に対し新たに事務又は負担を義務付ける施策を立案しようとする場合
    - ❷の届出をした連合組織が内閣に対して意見の申出ができるよう、施策内容を知らせるために適切な措置を講ずること

【参考文献】

松本英昭著『新版 逐条地方自治法』【第9次改訂版】（学陽書房）

橋本勇著『新版 逐条地方公務員法』【第4次改訂版】（学陽書房）

大城純男著『新 図表 地方自治法・公務員法』【14訂】（東京法令出版）

地方自治制度研究会監修『地方自治小六法』【令和6年版】（学陽書房）

東京都総務局人事部編『職員ハンドブック』

特別区職員研修所編『特別区職員ハンドブック2023』（ぎょうせい）

完全整理　**図表でわかる地方自治法**〈第 6 次改訂版〉

2003 年 12 月 15 日	初　版　発　行	
2007 年　6 月 25 日	第 1 次改訂版発行	
2011 年 12 月 20 日	第 2 次改訂版発行	
2013 年　9 月 26 日	第 3 次改訂版発行	
2017 年　5 月 25 日	第 4 次改訂版発行	
2018 年　7 月 18 日	第 5 次改訂版発行	
2024 年　3 月 13 日	第 6 次改訂版発行	

編著者　　地方公務員昇任試験問題研究会
発行者　　佐久間重嘉
発行所　　学陽書房

〒 102-0072　東京都千代田区飯田橋 1-9-3
営業／電話　03-3261-1111　FAX　03-5211-3300
編集／電話　03-3261-1112　FAX　03-5211-3301
http://www.gakuyo.co.jp/

装幀／佐藤　博　本文デザイン・DTP 制作／越海編集デザイン
印刷／加藤文明社　製本／東京美術紙工
© 地方公務員昇任試験問題研究会 2024, Printed in Japan

ISBN 978-4-313-20476-8 C2032
乱丁・落丁本は、送料小社負担にてお取り替えいたします。

◎学陽書房の本◎

地方公務員法の全容と重要な実例・判例が、
ひと目でわかる好評の参考書

令和３年公布の定年延長に係る改正に対応！　歴代合格者が薦める決定版！

完全整理　図表でわかる地方公務員法
〈第３次改訂版〉

地方公務員昇任試験問題研究会 ［編著］

A5 判並製／定価 2640 円（10％税込）